Ernst Krenek

Katalog zur Ausstellung

Katalog zur Ausstellung
der Wiener Stadt- und Landesbibliothek
im Historischen Museum der Stadt Wien
Mai/Juni 1982

Herausgegeben von
Ernst Hilmar

Dank an Ernst Krenek

Universal Edition Wien

Bestellnummer 26.250
ISBN 3-7024-0151-2

Filmsatz und Offsetdruck: Manz, Wien 9

„Zur heutigen Situation der musikalischen Künste: Dem Material nach: es gibt augenscheinlich eine ganze Reihe repräsentative Typen, die untereinander sehr verschieden sind, gewöhnlich ‚Richtungen' oder ‚Schulen' oder ähnlich genannt. Alleinseligmachend dürfte glücklicherweise keine davon sein, und man kann sich demnach nur an einer erfrischenden Mannigfaltigkeit freuen [...] *Es wäre wünschenswert, wenn man die Kunst nicht durch ununterbrochene Fragestellungen in eine gar nicht vorhandene Problemhaftigkeit zwänge, sondern mehr Vertrauen in die Spontaneität des Lebens hätte. Weniger Tempo und mehr Zeit! Schließlich kann man ja den Gesündesten im Handumdrehen krank machen, wenn man ihm fortwährend den Puls fühlt" (aus einem Interview mit Krenek).*

Die Stadt Wien hat Ernst Krenek 1980 die Ehrenbürgerschaft verliehen: sie ehrte damit nicht nur einen weltweit bekannten Mann, sondern würdigte eine ganze Kunstrichtung unseres Jahrhunderts, die heute noch immer als wenig ,,populär" erachtet wird. Daß neuartige künstlerische Strömungen, die von großen Begabungen ausgelöst werden, bei den Zeitgenossen zunächst auf Ablehnung und Anfeindungen stoßen, ist keine Erfindung der Gegenwart. Schließlich ist nichts schwerer zu erziehen als das Publikum. Krenek hat es sich und seinem Publikum, aber auch der nachdrängenden Komponistengeneration, niemals leicht gemacht. Die Folge war seine künstlerische Isolation. Mag sein sich selbst auferlegtes künstlerisches ,,Exil" sich nachteilig auf die Aufführungsziffern seiner Werke auswirken, so ist diese Haltung andererseits ein Zeichen für den eigenen künstlerischen Anspruch.

Da Kunst für ihn auch die Kunstbetrachtung einschloß, war für ihn jede Stilrichtung und Stilgattung von Interesse, und mußte daher studiert und erprobt werden. Diese Neugierde in seiner Kunstgesinnung brachte ihn wieder in den Verruf eines ,,vielseitigen" Komponisten, der die von einem Autor erwartete Geschlossenheit seines Werkes vernachlässigte. Gegen diesen Unverstand der ,,Kritik" hat Krenek mehrmals – vergeblich – das Wort erhoben.

Krenek, ein bedeutender Künstler, ein großer Denker und ein den angenehmen Seiten des Lebens sehr verbundener Mitmensch – so stellt sich uns heute seine Persönlichkeit dar. Mit ihr bekannt zu sein und mit ihr Umgang pflegen zu können, gereicht uns zur Freude.

Prof. Dr. Helmut Zilk
Stadtrat

Für Ausstellungen bedarf es zumeist eines Jubiläums: ein ,,runder" Geburtstag mag Anlaß sein, einen Künstler zu ehren, oder ein Zeitereignis von historischer Tragweite jährt sich zum soundsovielten Male.

Bei Ernst Krenek ist die Wiener Stadt- und Landesbibliothek von der Geburtstags-Gewohnheitsfeier abgegangen, die Ausstellung zu seinen Ehren ist nicht einmal als ,,Spätlese" zum 80. Jubeljahr des Künstlers gedacht, sondern sie ist vor allem Ausdruck des Dankes an ihn und der Verbundenheit mit ihm. Und zu danken hat die Wiener Stadt- und Landesbibliothek Krenek im besonderen Maße: weder die Emigration, die ihm neue Kontakte und Verpflichtungen gebracht hat, noch die Achtlosigkeit, mit der man lange Zeit seinem Werk in seiner Heimatstadt begegnet ist, haben ihn davon abhalten können, die Dokumente seines künstlerischen Schaffens nach Wien zu geben.

Seit 1980 besteht in der Wiener Stadt- und Landesbibliothek ein ,,Krenek-Archiv". Die Bibliothek hat nun die publizistische Form der Ausstellung gewählt, um Interessenten und Forschende aller Generationen auf dieses überwältigende Lebenswerk des Komponisten und Schriftstellers Krenek hinzuweisen und sie einzuladen, dieses noch näher kennenzulernen.

Hofrat Mag. Dr. Franz Patzer
Direktor der Wiener Stadt- und Landesbibliothek

Inhaltsverzeichnis

Einleitung

Kreneks künstlerisches Œuvre ist heute kaum überschaubar, und eine Definition seiner historischen Position ist verfrüht. Allen Musikhistorikern – Krenek betitelt sie „Fachleute" – und Musikern, die sich mit seinem Schaffen auseinandersetzten, konnten nur ein oder mehrere Teilaspekte bekannt sein, worin sie sich dann entweder verfingen oder zu Äußerungen gelangten, die allein als Dokument zur Krenek-Analyse zu werten sind. Der Versuch, Krenek zu interpretieren, ist grundsätzlich ein gewagter, und Krenek selbst, der mit seltener Gewandtheit die Feder führt(e), hat in seinen verschiedenen selbstanalytischen Betrachtungen die eigenen Aussagen mit großem Bedacht gesetzt. Das Moment der künstlerischen Intuition, das sich durch alle Phasen seiner so vielseitigen Entwicklung zieht, konnte oder wollte er auch nicht in Worte fassen.

Was aber Gegenstand einer kritischen Untersuchung sein kann, liegt heute in großem Maße für den Interessenten bereit: es sind seine musikalischen Aufzeichnungen, die schon bei einer nur oberflächlichen Einsichtnahme offen darlegen, daß Krenek, der angeblich mit so „leichter Hand" komponierte, sich diese Arbeit niemals leicht gemacht hat. Das beginnt eigentlich schon bei den Jugendwerken, in denen er sich mit rasch skizzierten Lösungen keineswegs zufrieden gab, und welch enorme Geistesarbeit er sich selbst abverlangte, ist dann vor allem in den Skizzen zu seinen späten Werken zu sehen.

Kreneks Voraussicht ist es zu danken, daß das Studium seiner Werke auf der Basis seiner eigenhändigen Kompositionsskizzen heute in geradezu unproblematischer Weise möglich ist. Schon Anfang der fünfziger Jahre hat er den größten Teil seiner bis 1937 geschriebenen Werke (zusammen mit weit über 1000 Korrespondenzstücken und anderem Dokumentationsmaterial wie Zeitungsaufsätze, Kritiken u. dgl.) der Wiener Stadt- und Landesbibliothek übergeben, und 1981 entschloß er sich, nachdem 1980 ein „Krenek-Archiv" an der Bibliothek errichtet worden war, seine musikalischen Skizzen der Werke von 1938 an (bis heute) dieser Sammlung einzuverleiben. Insgesamt sind es nun weit über 5000 Manuskriptseiten, die heute Bestand des „Krenek-Archivs" sind und außerordentliche Möglichkeiten bieten, Kreneks kompositorische Entwicklung an Originalquellen zu studieren.

Das Material zur Ausstellung kommt mit wenigen Ausnahmen aus dem „Krenek-Archiv" der Wiener Stadt- und Landesbibliothek. Im Katalog wird daher die Provenienz der Exponate nur dann angegeben, wenn es sich um Leihgaben aus dem Besitz anderer Institute oder Privatpersonen handelt. (Der Herausgeber dankt im Namen der Bibliothek dem Historischen Museum der Stadt Wien, der Universal Edition, Wien, dem Stadtmuseum, Kassel, sowie Frau Dr. Claudia Maurer Zenck, Berlin, und Herrn Dr. Walter Obermaier, Wien, für die Überlassung von Leihgaben.)

Von Krenek liegen nahezu 250 mit Werknummern versehene Kompositionen vor, dazu sind rund 80 Jugendwerke zu zählen. Bei der Auswahl für die Ausstellung hat Krenek (ohne direkte Kenntnis davon) Hilfe geleistet: er selbst hat genug Zeugnisse der Reflexion über seine Werke vorgelegt und die Schwerpunkte seiner musikalischen Entwicklung genannt. Schwieriger gestaltete sich die Auswahl aus seinen Schriften, deren Zahl sich auf rund 800 beläuft. Die unterschiedliche Thematik, mit der er sich befaßte, konnte nur angedeutet werden.

Da der Ausstellungskatalog als ein kleiner Beitrag zur Krenek-Dokumentation aufgefaßt werden soll, wurde ein besonderes Augenmerk auf Kreneks selbstanalytische Äußerungen und auf seine zeitkritischen Formulierungen gelegt. Diese sind gleichsam der rote Faden, der sich durch den Katalogtext zieht und angesichts der Fülle und mitunter Kompliziertheit der Materie dem Leser (und Ausstellungsbesucher) bei der Orientierung behilflich sein soll.

E. H.

Stationen des Lebens

Ich bin am 23. August 1900 in Wien als Sohn eines österreichischen Offiziers geboren. Meine Vorfahren stammen, soweit sich dies feststellen läßt, vorwiegend aus Böhmen, haben sich aber, zum größten Teil in staatlichen und militärischen Diensten stehend, in den verschiedensten Teilen der Monarchie aufgehalten (aus „Die Welt der Oper").)*

KRENEKS GEBURTSHAUS *in Wien XVIII, Argauergasse 3. Photographie.* 1

Historisches Museum der Stadt Wien

In der Argauergasse wohnte Krenek in seiner Jugend und Studienzeit und später während seiner Besuche in seiner Heimatstadt. Erst 1972, nach dem Tod der Mutter Emanuela Krenek, wurde die Wohnung aufgegeben.

Den ersten Unterricht erhielt ich 1906 bis 1911 in der Anstalt der Katholischen Schulbrüder in Wien-Währing. Darauf habe ich das Staatsgymnasium in Wien XVIII absolviert und an der Philosophischen Fakultät der Wiener Universität Vorlesungen gehört (aus „Die Welt der Oper").

DIE FAMILIE KRENEK *(Ernst sen., Emanuela und Ernst jun). Photographie um 1906.* 2

Historisches Museum der Stadt Wien

Krenek sen. war zur Zeit der Geburt seines Sohnes Militärischer Unterintendant im Reichs-Kriegsministerium in Wien, 1906 wurde er Intendant.

Krenek sen. über seinen Sohn: *Mein Sohn Ernst war stets ein Mustersohn und Musterschüler. Beides aber ohne unangenehmen Beigeschmack. Er war weder ein Streber noch von sonst irgendwelchem falschen Ehrgeiz angestachelt. Es ging eben alles glatt und ohne nennenswerte Zwischenfälle vor sich: im Gymnasium absolvierte er alle Klassen und das Abitur mühelos, daneben – von der Quinta an – besuchte er das Konservatorium* [...] *Auf seine musikalische Begabung wurden wir Eltern sehr früh aufmerksam. Ernst begann schon in seinem elften Lebensjahr mit den ersten schüchternen Kompositionsversuchen. Er hatte das Glück, bei den Schulbrüdern, deren Volksschule er besuchte, einen Lehrer zu treffen, der seine musikalischen Anlagen entdeckte und entwickelte. Wir taten unser möglichstes, um die Entwicklung seines Talents zu fördern, und ließen ihn Privatstunden nehmen (K-A).*

KRENEK *im Alter von 11 Jahren. Photographie.* 3

Historisches Museum der Stadt Wien

KRENEK UND SEINE MUTTER. *Photographie vom Dezember 1914.* 4

Historisches Museum der Stadt Wien

*) Die kursiv gesetzten Textstellen stammen durchwegs, wenn nicht anders vermerkt, von Krenek. (Quellennachweis siehe Literaturverzeichnis.)

Meine musikalischen Studien betrieb ich mit einer durch meinen Militärdienst im Jahre 1918 bedingten Unterbrechung von 1916 bis 1919 bei Franz Schreker an der Staatsakademie in Wien (aus „Die Welt der Oper“).

5 ÖFFENTLICHER VORTRAGS-ABEND *am 14. Mai 1918. Arbeiten aus den Kompositionsklassen des Prof. Franz Schreker (Jahres-Bericht der K.K. Akademie für Musik und Darstellende Kunst in Wien über das Schuljahr 1917–1918).*

In den ersten beiden Jahren an der Akademie erhielt Krenek Unterricht nur im Kontrapunkt. Die Kompositionsstudien begannen ab dem dritten Schuljahr. – Auf dem Programm des Vortragsabends stand Kreneks *Doppelfuge op. 1a* für Klavier, gespielt vom Schreker-Schüler Felix Petyrek, dem die Komposition auch gewidmet ist.

Frühzeitig in meiner Laufbahn fühlte ich mich angezogen von der Idee reiner, kompromißloser Schöpfung, unabhängig von den Strömungen des Tages, ja vielfach diesen ausdrücklich entgegengesetzt (aus „Selbstdarstellung“).

6 KRENEK *am Schreibtisch komponierend. Photographie von 1919.*

Historisches Museum der Stadt Wien

Der von mir verkörperte Typus des reflektierenden Musikers, der über seine Kunst und ihre Beziehungen zur Umwelt Gedanken hat und formuliert, ist ebensowenig neu wie die Beobachtung, daß das musikalische Schaffen eines solchen Künstlers zumindest von seinen Zeitgenossen niemals voll erfaßt und richtig eingeordnet zu werden pflegt (K-A).

7 AUSWEIS-PHOTOGRAPHIE KRENEKS *von 1920.*

Historisches Museum der Stadt Wien

1920 wurde Schreker als Direktor der Preußischen Hochschule für Musik nach Berlin berufen, und mehrere seiner Schüler folgten ihm dorthin, darunter auch ich (aus „Selbstdarstellung“).

8 BERLIN. *Ansicht um 1920.*

Während seines Studienaufenthaltes in Berlin wurde Krenek finanziell von seinen Eltern unterstützt. Nur selten ergab sich Gelegenheit, durch Unterrichtsstunden oder als Celesta-Spieler in den sogenannten „Anbruch-Konzerten“ ein Honorar zu erhalten. Der Lehrgang bei Schreker erstreckte sich auf Komposition und Instrumentation, doch war der Lehrer über viele Arbeiten seines Schülers Krenek nicht unterrichtet.

Die Schulung [bei Schreker] bestand in der genauen Durcharbeitung des traditionellen Lehrganges, ohne den Ballast vergangener Gelehrsamkeit. Zu gegebener Zeit blieb es dem schöpferischen Instinkt des Schülers überlassen, sich über das erlernte Handwerk ‚Freiheiten‘ anzueignen, wie sie seiner Eingebung entsprachen, und kompositorische Eigenart an den Tag zu legen. In diesem Stadium wurde fast nur geschmackliche Kritik an den Schülerarbeiten geübt, ohne das Vorurteil einer vorgefaßten formalen Regel. Dadurch wurde die Selbstkritik und Selbstverantwortung in hohem Maße ausgebildet und diese Erziehung zur Selbstverantwortung betrachte ich als das wertvollste Resultat meiner musikalischen Unterweisung (aus „Selbstbiographie" 1927).

VORTRAGSABEND *der Kompositionsklasse des Herrn Direktor Prof. F. Schreker an der Hochschule für Musik in Berlin* [*am 18. Juni 1921*]. *Programmzettel.* 9

Krenek war mit der *Violinsonate in fis-Moll* und der *Serenade für Klarinette, Violine, Bratsche und Violoncell* vertreten. Offiziell war er noch Schüler Schrekers, doch innerlich begann er bereits, sich von ihm loszusagen.

KRENEK, *eigenhändiger Brief an die Eltern, Berlin, 12. Februar 1921.* 10

„Ich [...] fange an, nachzudenken, ob ich bei Schreker am richtigen Platz bin. Ich habe, um endlich instrumentieren zu können, für die [I.] Symphonie ein Adagio geschrieben, das mir absolut nicht gefällt, wovon er aber entzückt ist. Er redet mir jetzt zu, daß dieses Adagio zu den anderen Sätzen gar nicht mehr paßt, und daß das die eigentliche Art und Weise ist, in der ich fortfahren soll. Das paßt mir aber absolut nicht. Schünemann meint nun, daß ich jedenfalls einmal zu Busoni gehen soll, um ihm vorzuspielen, denn seine Macht reiche über ganz Europa, und unter vier Augen würde er mir raten, mich in jeder Beziehung selbständig zu machen."*)

Ich kam in Berührung mit Künstlern, deren Ideen sich von denen des kleinen Kreises, den ich gekannt hatte, erheblich unterschieden. Der stellvertretende Direktor der Hochschule, Georg Schünemann, verschaffte mir Zutritt zu verschiedenen Gruppen (aus „Selbstdarstellung").

EMIL HERTZKA. *Photographie um 1925.* 11

Nicht Schreker, sondern der Mitschüler Alois Hába brachte Krenek mit Hertzka, dem Direktor der Universal Edition, zusammen. Im Februar 1921 wurde Krenek ein Vertrag vorgelegt, der ihn zunächst auf zehn Jahre an das Wiener Verlagshaus band. Schreker spielte in der Angelegenheit eine eher unrühmliche Rolle, indem er sich als Begutachter der Werke seines Schülers aufspielen wollte (lt. Schreiben Kreneks vom 15. November 1922 an die Eltern).

Es hat sich mir darum gehandelt zu zeigen, daß diese moderne Musik gar kein Spezialheiligtum ist, wegen dessen man sich nicht die Köpfe blutig zu schlagen hat, sondern ein Objekt der Betrachtung wie alles andere in der Kunst (Brief an die Eltern vom 15. November 1922).

*) Von den ausgestellten Briefen werden hier generell nicht näher gekennzeichnete Auszüge wiedergegeben.

12 DIE KÜNSTLER *der Kammermusikaufführungen zur Förderung zeitgenössischer Tonkunst in Donaueschingen. Photographie vom Sommer 1921.*

Nachdem Krenek im Juni 1921 in Nürnberg Aufsehen erregt hatte – die Aufführung seines *I. Streichquartettes* wurde zum Skandal – hatte man ihn auch nach Donaueschingen eingeladen, wo im Juli 1921 erstmals Aufführungen zeitgenössischer Musik stattfanden. Krenek befand sich dort in Gesellschaft von Richard Strauss, Paul Hindemith, Alois Hába, Wilhelm Grosz u.a.

13 KRENEK, *eigenhändiger Brief an die Eltern, Berlin, 18. Februar 1922.*

„Ich werde im Einvernehmen mit sämtlichen maßgebenden Größen, mit Schluß dieses Semesters die Hochschule verlassen, unter Mitnahme irgend eines Diploms oder Attests oder so. Eine Prüfung gedenke ich nicht zu machen, da ich es für unnötig halte, meine Kompositionen einem Kollegium von Leuten vorzulegen, unter denen ich höchstens 1–2 für urteilsfähig halte. Diese Komödie hat gar keinen Sinn." Krenek blieb aber noch im Herbst 1922 und Frühjahr 1923 in Berlin. Zur Gewährung der Aufenthaltsgenehmigung meldete er sich an der Hochschule für allgemeine Musikgeschichte, neuere Klaviermusik und moderne Orchesterinstrumentation an.

Hier arbeitet Schreker jetzt in der Schule an der großen Reaktion. Jeden Tag gibt er seiner Genugtuung Ausdruck, daß die Rebellen jetzt glücklich draußen sind und nun kommt die feierliche Restauration des alten Kurses (Brief vom 9. November 1922 an die Eltern).

14 KRENEK. *Karikaturskizze von Maria Wetzel. Photographie.*

Kreneks Name begann nicht nur in Deutschland bekannt zu werden. Anläßlich der erfolgreichen Aufführung seiner *I. Symphonie op.7* im April 1922 in Berlin beschäftigte sich ein amerikanisches Blatt mit seiner Person. „The Musical Courier" in New York druckte die gezeigte Porträtskizze ab.

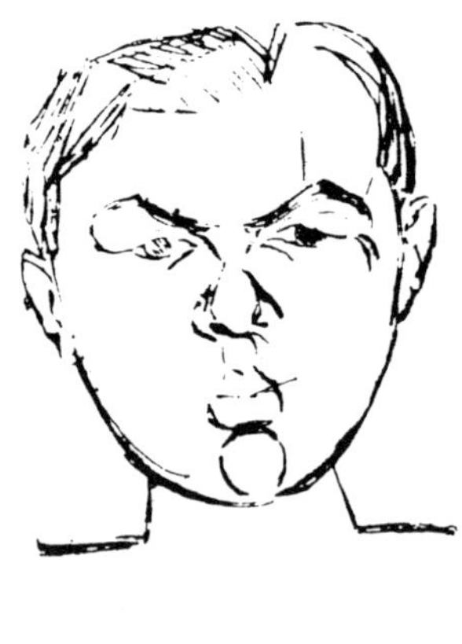

Hier [in Berlin] herrschen jetzt irrsinnige Zustände. Die Millionen werden zum Kleingeld, viel ärger als jemals in Wien. Die Geschäfte wollen alle überhaupt schließen, überall Einschränkung und Verfall (Brief vom 8. August 1923 an die Eltern).

Ich verließ im Jahre 1923 Deutschland aus verschiedenen Gründen und wandte mich nach Österreich und in die Schweiz, wo ich mit wenigen Unterbrechungen durch Reisen nach Italien und vor allem nach Frankreich zwei Jahre lebte. Diese zwei Jahre waren es, die mich unmerklich von der Ideologie des radikalen Expressionismus abbrachten [...] Ich lernte, vor allen Dingen auf meinen französischen Reisen, eine unendlich viel natürlichere, freiere und von künstlichen, selbstquälerisch ersonnenen Problemen unbelastete Art, Kunst und Leben zu sehen und zu bilden (aus „Selbstbiographie" 1927).

PARIS. *Ansicht aus den zwanziger Jahren. Photographie.* 15

Dr. Walter Obermaier, Wien

KRENEK, *eigenhändiger Brief an die Eltern, Zürich, 14. Dezember 1924.* 16

„In Paris habe ich eine Unmenge Sachen gesehen, ich war jeden Abend im Theater. Das ist ein ganz anderes Leben, als wir es so kennen. Ich habe verschiedene sehr interessante Aufführungen gesehen [...] Im ganzen war es außerordentlich anregend und ich bin sehr froh, dort gewesen zu sein."

Den denkbar größten künstlerischen Einfluß hat Paris auf mich geübt. Von dem Tag an, da ich zum erstenmal die ‚Ville lumière' verlassen hatte, standen meine Kompositionen zu den früheren in geradezu polarem Gegensatz. An meiner ‚Aktualität' ist vor allem Paris beteiligt (aus einem Interview, „Wiener Zeitung" 31. Dezember 1927).

KRENEK. *Büste von Anna Mahler (1924).* 17

Historisches Museum der Stadt Wien

Im Frühjahr 1922 hatte Krenek Anna Mahler bei einem Kostümfest in Berlin kennengelernt. Sie wurde seine erste Frau. Im November 1924 trennten sich die beiden wieder, und Anna verfolgte ihre künstlerischen Ziele zunächst in Rom. – Die Büste kam nach dem Tode Alma Mahlers in den Besitz der Stadt Wien.

Von einem gewissen Punkt der Entwicklung an ist bei der Überlegung von Arbeitsplänen von Bedeutung die Absicht, möglichst Reifes, Gültiges, Dauerndes zu produzieren. Das bezieht sich sowohl auf die Frage nach der Gattung des zu schaffenden Werkes als auch auf die Gestalt, die ich ihm gebe (K-A).

KRENEK, *eigenhändiger Brief an Emil Hertzka, Sierre, 10. September 1924.* 18

Universal Edition, Wien

Hertzka hatte Krenek gebeten, nach Berlin zu den Proben der Oper *Die Zwingburg* zu reisen, was diesen zu der Bemerkung veranlaßte: „Ich bin der Überzeugung, daß mein Aufenthalt in Berlin an der Sache nicht das geringste ändern wird, als daß die Leute an mir einen Blitzableiter finden, während sie sonst ihre eigene Unmöglichkeit anklagen müßten. Ich bin aber trotzdem bereit, diese mehr komische Rolle zu spielen, werde aber erst Ende des Monats reisen." Krenek fand zunächst auch keine Zeit, denn er entwickelte bereits ein Opernprojekt, das ihm Weltruhm verschaffen sollte: *Jonny spielt auf.* So heißt es in dem Schreiben weiter: „Ich bin nämlich nicht hierhergekommen, um spazieren zu gehen, sondern eine ganz bestimmte, mir ganz besonders wichtige

Arbeit zu fördern. In meiner eigenen Einstellung zu meiner Produktion, wie auch in dieser selbst, scheint sich ein gewisser Wandel zu vollziehen, und ein gesteigertes Verantwortungsgefühl für das, was ich tue und lasse, veranlaßt mich, gewissen künstlerischen Problemen sehr konzentriert nachzugehen. Ich habe mir jetzt 10 Tage völlige Abgeschlossenheit und Ruhe vorgesetzt."

In dieser Zeit wurde ich von Paul Bekker an das Kasseler Staatstheater berufen (1925). Ich zögerte zunächst, da ich die Rückkehr in verlassene Geleise scheute, aber binnen kurzer Zeit erwies sich mir die innere Richtigkeit dieser praktischen Arbeit in eklatanter Weise. Schon vorher hatte ich wiederholt versucht, durch Einstellung auf ein bestimmtes Material zu höherer Einfachheit zu gelangen [...] Nunmehr habe ich diesen Sinn für ‚Materialgerechtigkeit' durch meine Theaterpraxis, in der mir kein Teil dieses Organismus, vom Orchester bis zur technischen Einzelheit, von der schauspielerischen oder Regieleistung bis in verwaltungstechnische Dinge, fremd blieb, in umfassender Weise gebildet (aus „Selbstbiographie" 1927).

19 PREUSSISCHES STAATSTHEATER, *Kassel (Innenansicht). Photographie um 1925.*

Stadtmuseum, Kassel

Paul Bekker, der mit Herbst 1925 die Leitung des Kasseler Staatstheaters übernahm, erinnerte Krenek 1932 an die gemeinsame Zeit in Kassel in Form eines offenen Briefes (abgedruckt in der „Frankfurter Zeitung" vom 5. November 1932): „Mit Vergnügen und einigem Stolz gedenke ich stets meiner ersten Amtshandlung unmittelbar nach meiner Berufung an das einst preußische Staatstheater Kassel. Das war eine telegraphische Anfrage an Sie, ob Sie Lust hätten, zu mir zu kommen [...] Ich ging von dem Gedanken aus, der stets in mir lebendig war, solange ich ein Theater leitete: daß nämlich der Intendant Menschen schöpferischer Art um sich sammeln müsse [...] So rief ich Sie damals nach Kassel, weil ich schöpferische Jugend bei mir haben wollte. Sie aber sollten Theater lernen [...] Nichts war zu gering, nichts war zu gut. Es gab nur einen Ehrgeiz und einen Stolz: daß alles richtig sei. So wanderten Sie vom Ballettsaal ins Orchester, immer dahin, wo es im Augenblick nötig war, von dem Signallicht auf der Bühne an das Dirigentenpult. Hier freilich konnten Sie sich nicht völlig akklimatisieren, der Taktstock wurde nicht lebendig in Ihrer Hand [...] Jene Aufführung von Kokoschkas und Ihrem ‚Orpheus' aber wurde zu einem Fest unserer Zusammenarbeit, damit zu einer künstlerischen Tat."

20 KRENEK, *eigenhändiger Brief an die Eltern, Kassel, 1. September 1925.*

„Ich bin also jetzt in Cassel installiert" (Kassel schrieb sich damals noch mit „C", und erst am 14. Dezember 1926 konnte Krenek seinen Eltern berichten: „Kassel schreibt sich seit einer Woche offiziell mit K und kommt sich dadurch fabelhaft fortschrittlich vor"). Er wurde mit der Komposition von Zwischenaktmusiken betraut, ein Rameau-Ballett *(Der vertauschte Cupido)* hatte er zusammenzustellen, und schließlich übertrug man ihm die Probenarbeit und Einstudierung von kleineren Opern und Operetten.

KRENEK. *Photographie, Kassel, im April 1925.* 21

Historisches Museum der Stadt Wien

Bei theatralischen Arbeiten, in denen ich ganz bestimmte weltanschauliche Bekenntnisse zu formulieren suche, überwiegt bei mir durchaus das Ideenhafte (K-A).

KRENEK. *Photographie, Kassel 1926.* 22

Historisches Museum der Stadt Wien

Je deutlicher meine Werke mit der Zeit werden, desto gründlicher werden sie im allgemeinen mißverstanden [...] *Erst wenn die Idee ganz deutlich wird, erkennen sogar die Fachleute, daß sie keinen Anhaltspunkt mehr haben, und nun wird es ganz klar, daß sie nichts verstehen. Dabei sind meine Absichten, wie mir vorkommt, ganz einfach und beinahe primitiv, nur merkt man es bei dem Lärm, den alle machen, offenbar nicht leicht (aus „Pro domo").*

KRENEK *mit Generalmusikdirektor Gustav Brecher in Leipzig im Februar 1927 (anläßlich der Uraufführung von „Jonny spielt auf").* 23

Die erfolgreiche Uraufführung von *Jonny spielt auf* machte Schlagzeilen, bald folgten Skandale und Proteste.

Der Erfolg war unmittelbar und überwältigend. Während der folgenden zwei Jahre wurde das Stück von mehr als hundert Bühnen in ganz Europa aufgeführt und hielt sich an manchen von ihnen für lange Serien von Wiederholungen. Die Verwirrung, in die es sowohl die Berufsmusiker als auch mich selbst versetzte, war bemerkenswert [...] *Von manchen gepriesen als der Begründer eines neuen Opernstils, wurde ich von anderen verurteilt als hartgesottener Zyniker, der die Sensationslust der Masse ausbeuten wollte, um geschwind reich zu werden (aus „Selbstdarstellung").*

SKIZZE EINER EUROPA-KARTE *von Rudolf Smirzitz mit den Aufführungsorten von „Jonny spielt auf" im Jahr 1927.* 24

Als junger Mensch wollte ich gewiß ‚berühmt' werden, später schien es mir ein Ziel, Werke von unmittelbarer Verwendbarkeit zu schaffen, um einer Art von sozialer Verpflichtung [*zu genügen*]*, heute scheint es mir wesentlich, in sich Richtiges, Bedeutendes, wenn auch für den Augenblick Unverwendbares und scheinbar Sinnloses zu produzieren* [...] *Bei mir kommt noch der Umstand hinzu, daß ich einmal einen sehr großen äußeren Erfolg hatte, dessen zum Teil unerfreuliche Folgen ich ebenso schwer zu verdauen hatte wie sein späteres Ausbleiben (K-A).*

KRENEK-KARIKATUR *als „Kopf der Woche" („Kasseler Volksblatt" vom 18. Februar 1927).* 25

„NAMEN, *die 1927 volkstümlich wurden" („Berliner Illustrierte Zeitung" vom 31. Dezember 1927).* 26

Neben Krenek bildete die Zeitung u.a. die Köpfe von Chamberlain, Max Schmeling, Piscator und Lindbergh ab.

Ich gebe zu, daß diese Leidenschaft [für das Neue] auch bei mir in den Jahren, da ich der Wirklichkeit des Theaterapparates so eng verbunden war, einigermaßen erschlafft war. Denn die Beschäftigung mit dem ‚unerschöpflichen Spielzeugkasten' des Theaters verführt gar nicht so sehr zum Philosophieren – im Gegenteil: man läuft Gefahr, sich am Ende damit zu begnügen, daß man ihn sachgemäß zu bedienen weiß. Dem mußte ich mich schließlich entziehen, gerade weil die Versuchung groß war und weil ich wesentlichere Aufgaben für mich zu sehen meinte (Offener Brief an P. Bekker in der „Frankfurter Zeitung" vom 25. 11. 1932).

27 KRENEK, *eigenhändiger Brief an die Eltern, Kassel, 25. November 1927.*

Bekker ging 1927 an das Staatstheater in Wiesbaden, und Krenek folgte ihm dorthin. Ende 1927 nahm er aber vom Theaterleben Abschied: „In Wiesbaden gab es jetzt nichts Eigentliches zu tun für mich, d.h. diese Art Beschäftigung, wie ich sie in Kassel am Theater hatte, paßt nun nicht mehr für mich und hat weder für mich noch für das Theater einen besonderen Nutzen. Andere Aufgaben, größere oder anderer Art, liegen momentan nicht vor, und außerdem hatte ich aus einem ganz privaten Grund den Wunsch, eine Zeitlang von Wiesbaden fernzubleiben. Das traf sich also alles ganz gut, außerdem kann ich es mir glücklicherweise momentan leisten, ein paar Monate frei zu leben [...] Ich fahre Montag in die Schweiz, alte Bekannte wiedersehen."

28 KRENEK. *Photographie nach einer Porträtzeichnung, Paris 1928.*

Krenek reiste im Mai 1928 nach Paris zur Einstudierung der *Jonny spielt auf*-Premiere in französischer Sprache im Trocadéro. Die Hauptlast der Proben und selbst die Regieführung lag zu einem großen Teil in seinen Händen.

29 KRENEK, *eigenhändiger Brief an Hans Heinsheimer (Universal Edition), Paris, 4. Juni 1928.*

Universal Edition, Wien

„Ferner möchte ich Sie fragen, ob man nicht irgendwie die deutsche Presse auf die hiesige Aufführung von „Jonny" aufmerksam machen soll. Vorige Woche, als der – übrigens sehr schätzenswerte – Bruno Walter hier mit einem vorwiegend deutschen Ensemble „Don Giovanni" dirigierte, hat sich Herr [Adolph] Weißmann selbst herbemüht, um diesem an sich wenig bedeutungsvollen Ereignis beizuwohnen. Wer die hiesigen Verhältnisse kennt, weiß, daß jeder beliebige Mensch hier, wenn er nur einen Geldmann hat, auch mit Hottentotten Richard Wagner spielen kann, wenn er will. Wenn aber eine französische Unternehmung mit hiesigen Kräften die Oper eines lebenden mitteleuropäischen Komponisten in französischer Sprache aufführt – es ist wohl außer Richard Strauß der einzige Fall –, so könnte das die deutsche Öffentlichkeit wohl interessieren. Dann möchte ich Sie noch fragen, ob Sie sich irgendwie erklären können, warum mit Beharrlichkeit in keinem hiesigen Konzert etwas von mir gespielt wird. Kennen die Leute überhaupt meine Sachen? Kussewitzky gibt jetzt eine Reihe moderner Konzerte, u.a. mit Werken von Hindemith und – Toch. Nun, ich nehme an, daß sich unter meinen Orchesterwerken sicher wenigstens eins befindet, das Herrn Kussewitzky mindestens so gut wie eins von Toch gefällt."

Niemand kann bezweifeln, daß eine Menge von Musik, die öffentlich aufgeführt wird, niemandem besonders gefällt. Gewohnheit und Konvention spielen eine bedeutende Rolle in der Aufstellung von Konzertprogrammen (aus „Selbstdarstellung").

KRENEK. *Photographie, Paris 1928.* 30

Historisches Museum der Stadt Wien

Anläßlich eines Besuches in meiner Heimatstadt Wien fiel es mir wie Schuppen von den Augen, daß dies der Platz war, an dem ich mich niederlassen sollte. Meine weltweisen Freunde waren überzeugt, daß dies ungefähr die verrückteste Entschließung war, die ich treffen konnte. Wien bot dem Musiker keine von den geschäftlichen Möglichkeiten, über die solche Marktplätze wie Berlin oder Paris verfügte (aus „Selbstdarstellung").

KRENEK MIT SEINEM VATER. *Photographie, Wien 1928.* 31

Historisches Museum der Stadt Wien

Im Oktober 1928 entschloß sich Krenek, seinen ständigen Wohnsitz nach Wien zu verlegen und bezog eine Atelierwohnung in Wien-Hietzing.

Eine Zeitlang lebte ich in glorreicher Einsamkeit, ohne an dem lokalen Musikleben im geringsten teilzunehmen (aus „Selbstdarstellung").

KRENEK. *Photographie, Wien 1930* 32

Historisches Museum der Stadt Wien

Vom Arbeitsraum wünsche ich nach Möglichkeit Fernsicht, mindestens aber freien Ausblick auf landschaftliche Elemente, Hügel, Wald, Gärten oder dgl. zu haben (K-A).

KRENEKS ARBEITSRAUM *in Wien-Hietzing. Photographie.* 33

Historisches Museum der Stadt Wien

KRENEK; KRENEK MIT SEINER FRAU BERTA. *Zwei Photographien um 1930.* 34

Historisches Museum der Stadt Wien

Kreneks zweite Frau wurde 1928 die Schauspielerin Berta Hermann, die zuletzt ein Engagement in Hamburg gehabt hatte.

Sicher ist für die Kunst die Behandlung von Privatangelegenheiten abzulehnen, es soll aber nicht vergessen werden, daß die Dinge der Welt gleichzeitig Privatangelegenheiten des Künstlers sind (nicht umgekehrt), indem gerade dies das besondere Wesen des Künstlers ausmacht, daß seine Verbundenheit mit der Welt diese zu seinen ureigensten Gegenstand macht (K-A).

Ich habe für meine Person stets dagegen gekämpft, eine richtungsmäßig, inhaltlich, programmatisch, materialgemäß oder sonstwie charakterisierte Musik als Neue Musik schlechthin zu bezeichnen (aus „Zur heutigen Situation der ‚Neuen' Musik").

35 KRENEK, *maschinschriftlicher Brief an die Universal Edition, Wien, 17. April 1930.*

Universal Edition, Wien

„Vor einigen Wochen hat die Wiener Staatsoper durch die Presse veröffentlicht, daß sie während der sogenannten Festwochen im Juni d. J. ‚Jonny spielt auf' zu bringen gedenkt. Da in der inzwischen wiederholt publizierten Liste der zur Aufführung vorgesehenen Werke österreichischer Komponisten meine Oper ebenso oft nicht genannt worden ist, kann ich in dieser Unterlassung keinen Zufall mehr erblicken. Es scheint vielmehr, im Hinblick auf mehrere andere Vorkommnisse im vergangenen Jahr, daß es sich hier um die planmäßige Exekution einer Privatranküne gegen mich handelt, zu der sich neuerdings auch hervorragende öffentliche Stellen herzugeben scheinen. Ich erinnere an die Verhinderung der Aufführung meiner ‚Kleinen Symphonie' im Tonkünstler-Verein und an das eigenartige Verhalten der Ravag gegenüber dem vom Verlag an sie gerichteten Ersuchen, eine Aufführung meines „Reisebuchs' zu übertragen, während dieses Institut in letzter Zeit hinsichtlich der Übertragung von Werken lebender österreichischer Autoren weder prüd noch wählerisch ist [...] Diese ganze Campagne gegen mich wird in der Öffentlichkeit sehr verfolgt und ist durchaus geeignet, mich und Sie auf die Dauer moralisch und materiell schwer zu schädigen."

In bezug auf meine Musik war mir ganz klar, daß meine Befassung mit der Zwölftontechnik die Möglichkeiten öffentlicher Anerkennung weiterhin verminderte. Ich hatte nicht nur mit dem gewöhnlichen und wachsenden Vorurteil gegen jede Art von neuer Musik zu rechnen, sondern auch mit dem speziellen, das sich gegen die Zwölftontechnik richtete (aus „Selbstdarstellung").

Man wird ebenso unter den Gasarbeitern wie unter den Bankdirektoren, bei den Offizieren und den Warenhauskommis fähige, veranlagte, willige und hinreichend intelligente Freunde und Empfänger der Kunst finden. Für sie ist sie da, und sie werden angerufen und erreicht. Freilich ist dies heute besonders schwer, da der Lärm und die Entfernungen immer größer werden, daß man oft verzagen kann an der Möglichkeit, sich vernehmlich zu machen. Dennoch bleibt uns nichts weiter übrig, als in einer atomisierten Gesellschaft das Individuum anzugehen, den Einzelnen, herausgelöst aus den sozialen Bindungen (aus „Zur heutigen Situation der ‚Neuen' Musik").

„ERNST KRENEK *läßt sich porträtieren: Der berühmte Wiener Komponist im Atelier des Malers F. A. Harta." Bildabdruck in einer Wiener Zeitung von 1930.* 36

BLICK VOM „LANDHOF" BEI DÖLSACH. *Aquarell von Krenek, August 1930.* 37

Historisches Museum der Stadt Wien

Von Kreneks Hand stammt eine Reihe von Aquarellen. Diese Art von künstlerischer Tätigkeit bereitete ihm zwischendurch sichtlich Freude. So bemalte er später in seinem Haus in Los Angeles selbst die Wände. – War er nicht gerade beruflich auf Reisen, wählte er zur Erholung und Muße für konzentriertes Arbeiten bevorzugt bergige Gegenden. (In Dölsach entstand u.a. die Oper *Kehraus um St. Stephan*.)

Im östlichen Winkel der Alpen [...] *sitze ich in der Gaststube des dörflichen Hotels. Mit Hilfe eines vorzüglichen Lautsprechers wird sie täglich von früh bis spät unter Musik gesetzt. Vollkommen gleichgültig lassen die Bauern diesen Strom über sich ergehen, sie nehmen die Pfeife ebenso wenig bei Beethoven aus dem Mund wie bei Benatzky, sie dämpfen ihr Gespräch nicht, ob Baklanoff singt oder Toscanini dirigiert. Sie haben sich an die ständige Berieselung durch Musik gewöhnt, sie sind, als Masse, unerschüttert geblieben, der große Moment, da plötzlich alle Musik zu ihnen kam, ist dahin, das unerhörte Ereignis assimiliert, erledigt (aus „Musikalische Mobilmachung?").*

KRENEK, *eigenhändiger Brief an Hans Heinsheimer (Universal Edition), Kassel, 24. Februar 1932.* 38

Universal Edition, Wien

Die politische Situation hatte sich in Deutschland und Österreich zusehends verschlechtert, die Aufführungsmöglichkeiten für neue Musik wurden immer geringer. Krenek, der in Berlin wegen einer geplanten Produktion von *Orpheus und Eurydike* weilte, gab Heinsheimer einen bezeichnenden Bericht: „In Berlin ging natürlich alles weniger glatt. Es ist mir gelungen, ins Innere des Funkministeriums einzudringen, doch habe ich dort den typischen zweifelhaften Betrieb, diese zwecklos in sich selbst zurücklaufende lärmende Bewegung angetroffen [...] Was Sie vielleicht schon wissen: ‚Orpheus' und Variationen sind selbstverständlich verschoben, weil man am 18. März die ‚Johanna' von Brecht aufführen muß. (Als ich andeutete, daß schließlich auch einmal etwas anderes verschoben werden könnte [...], wurde ich informiert, daß dem leider ‚bindende' Vereinbarungen mit dem Verlag [...] entgegenstünden.) Darauf wurde, um mir die starke Hand zu demonstrieren, augenblicklich der 20. April festgelegt [...] Die starke Hand wurde jedoch sehr schwach, als es galt, die Zustimmung Scherchens zu gewinnen, der natürlich abwesend war, was sich erst im Zuge der Erhebungen herausstellte. Mit ungeheurem Getöse und dringenden Ferngesprächen wurde ihm nachgesetzt, bis man seiner in München habhaft wurde. Er gab die überraschende und bis dahin seinen Vorgesetzten oder Mitarbeitern offenbar unbekannte Auskunft, daß er den ganzen April in Rußland zu verbringen gedenke, so daß mir als nächstmögliches Datum für die Aufführung der 20. Mai angegeben wurde. Ich war geneigt, die Unterhandlungen im Zeichen Goethes zu beenden, unterließ es jedoch als unoriginell im Gedenkjahr."

Eine Aufführung eines meiner Werke, die für den Tag nach den Hitlerwahlen im März 1933 [...] angesagt war, wurde unmittelbar nach dem Bekanntwerden der Wahlresultate abgesagt [...] Seit jenem Tag ist bis zum Niederbrechen der Naziherrschaft meines Wissens kein Ton von mir in Deutschland gespielt worden. Mein Einkommen war dadurch aufs schärfste reduziert, und ich mußte mich nach anderen Quellen umsehen. Da mein Heimatland mir keinerlei Erwerbsmöglichkeiten bot, begann ich ins Ausland zu reisen, wo ich Vorträge hielt und dirigierte (aus ,,Selbstdarstellung").

39 BERICHT *über das Mitgliedsjahr 1933/34 der Genossenschaft dramatischer Schriftsteller und Komponisten (mit Bild von Krenek).*

Krenek ließ sich im Mai 1934 zum Präsidenten der Genossenschaft wählen. Er glaubte, für Österreich in der Zeit der wirtschaftlichen und politischen Krise in der Weise ,,aktiv" sein zu können, daß er der Genossenschaft eine ,,zweckmäßige Funktion" – bisher sah man darin offensichtlich nur ein ,,Ornament ohne inneren Wert" – ermögliche. Er scheiterte mit seinem Vorhaben.

Die heutige Politisierung der Menschheit nach dem Schema fertig greifbarer Parteidoktrinen ist in erster Linie eine Folge der Geistesträgheit, und diese wieder ein Symptom des herabgekommenen Niveaus, wie es sich auf jedem Gebiet zeigt (aus einem Vortrag in Mannheim 1931).

Der schwerste Schlag kam, als 1934 die Wiener Staatsoper die Proben für ,Karl V.' abbrach und das Werk vom Spielplan absetzte. Die Entschuldigungen, die mir vorgesetzt wurden, waren offensichtlich fadenscheinig (aus ,,Selbstdarstellung").

40 ,,URAUFFÜHRUNG DER KRENEK-OPER VERSCHOBEN" *(,,Telegraf" vom 17. Jänner 1934).*

Die Hintergründe der Absetzung der von der Wiener Staatsoper in Auftrag gegebenen Oper *Karl V.* hat Claudia Maurer Zenck in ihrer ins Detail gehenden Untersuchung ,,Ernst Krenek – ein Komponist im Exil" (Wien 1980) aufgedeckt.

Während der Jahre bis zu meiner Auswanderung aus Europa organisierte ich Konzerte für zeitgenössische Kammermusik. Ich schrieb Aufsätze für die ,Wiener Zeitung', das offizielle Organ der Bundesregierung. Zusammen mit Willi Reich, einem Schüler Alban Bergs, redigierte ich eine satirische Zeitschrift, in der wir die jammervollen Zustände des Wiener Musiklebens angriffen. Ich hielt eine Reihe von Vorträgen über neue Musik. Ich war aktiv als Mitglied der österreichischen Sektion der Internationalen Gesellschaft für Neue Musik und fungierte als ihr Delegierter an den internationalen Musikfesten bis 1938 (aus ,,Selbstdarstellung").

41 VORLÄUFIGER PLAN *für fünf Abende mit neuer Musik. Typoskript mit eigenhändigen Bemerkungen von Krenek (Wien 1934).*

Krenek organisierte im Rahmen des „Österreichischen Studios" fünf Kammermusikabende, zu denen er Einführungen hielt. Eine doktrinäre Einseitigkeit lehnte er dabei ab und stellte konservative und radikale Strömungen in der neuen Musik einander gegenüber. Franz Schmidt und Joseph Marx schienen in den Programmen ebenso auf wie Schönberg und Berg.

HANDSCHRIFTLICHE SITZUNGSPROTOKOLLE *der Wiener Sektion der Internationalen Gesellschaft für Neue Musik.* 42

Vom Dezember 1935 bis Herbst 1936 führte Krenek eigenhändig Protokoll über die Sitzungen der Gesellschaft. Aus seinen Aufzeichnungen ist beispielsweise zu entnehmen, daß in der Sitzung vom 7. Jänner 1936 (anwesend waren u.a. Webern, Wellesz, David Josef Bach, Willi Reich) die Trauerfeier für Alban Berg besprochen wurde. Webern berichtete über das Ergebnis der Jurytagung von Barcelona.

KRENEK. *Photographie, Wien 1935.* 43

Historisches Museum der Stadt Wien

Wie trostlos es in Deutschland ist, erfahren wir Tag für Tag. Die Übermacht des mit dem Staat identisch gewordenen Parteiapparates hat es in zwei Jahren fertig gebracht, aus einem blühenden und von der ganzen Welt bewunderten Kulturleben von einzig dastehender Reichhaltigkeit eine trostlose Wüstenei zu machen, in der alle positiven Kräfte lahmgelegt sind (aus „Kunstpolitik im neuen Österreich").

KRENEK, *eigenhändiger Brief an die Universal Edition, Galtür, August 1935.* 44

Universal Edition, Wien

Da Aufführungen seiner Werke unterblieben, wurde Kreneks finanzielle Lage kritisch. Er erhoffte sich von der Universal Edition einen Ausweg: „Es ist nun gegen drei Jahre her, seit im Zusammenhang mit den politischen Veränderungen in Deutschland die verlagsmäßige Verwertung meiner Arbeiten ins Stocken geraten ist. Wenn ich Ihnen damit auch nichts Neues sage, so verdient diese Tatsache doch eine nähere Betrachtung [...] In einer Zeit, da die von den Autoren spontan konzipierten Arbeiten von der Öffentlichkeit mehr oder weniger willig aufgenommen wurden, konnte sich der Verlag im großen und ganzen auf die rationale Organisation des Vertriebes beschränken. Ich meine aber, daß es insbesondere eines Hauses vom Range der Universal Edition nicht würdig ist, einer Hemmung dieser selbstverständlichen Bewegung gegenüber passiv zu bleiben. Die Universal Edition ist von ihrem verewigten Direktor zu einem Weltverlag gestaltet worden [...] In diesem Charakter liegt sowohl eine Verpflichtung als auch andererseits ein moralischer Wert [...] Es muß zu den Eigenschaften eines Verlages, der eine geistig führende Rolle einnehmen will, gehören, daß er nicht nur die leicht realisierbaren Geschäfte mitnimmt, sondern den Glauben an die von ihm vertretenen Autoren auch dann bestätigt, wenn er damit vorübergehend allein zu stehen scheint. Ich glaube, daß die U.E. nur so die Position erhalten kann, die sie sich unter der Führung ihres verewigten Direktors erarbeitet hat." Krenek schlug dem Verlag die Organisation einer internationalen Filmproduktion vor. Ferner erwartete er vom Verlag Aufträge für Volkslied- und andere Bearbeitungen – eine Bitte, die ihm gewährt wurde.

Ich lege Wert auf eine gewisse innere und äußere Behaglichkeit des Daseins, verspreche mir ganz und gar nichts von sogenannten ‚Erlebnissen', weil ich meine, daß man sie in der Phantasie haben muß, wünsche überhaupt von Störungen des Gleichgewichts in jeder Hinsicht verschont zu bleiben, weil ich meine, daß die Arbeit nur dann optimal gedeiht (1935, K-A).

45 KRENEK AM KLAVIER. *Photographie, Wien 1936.*

Historisches Museum der Stadt Wien

46 KRENEK. *Porträtskizze eines spanischen Karikaturisten, Barcelona 1936. (Reproduktion).*

Im Frühjahr 1936 weilte Krenek als Delegierter der österreichischen Sektion der Internationalen Gesellschaft für Neue Musik in Barcelona. Beim dortigen Musikfest wurden seine *Fragmente aus Karl V.* aufgeführt. Er hatte dort auch in einer sehr heiklen Angelegenheit zu vermitteln: Webern hatte aus persönlichen Gründen die Leitung der Uraufführung von Alban Bergs *Violinkonzert* zurückgelegt. (Scherchen leitete dann die Aufführung.)

47 KRENEK, *eigenhändiger Brief an Hans Heinsheimer (Universal Edition), Sölden, 14. Juli 1936.*

Universal Edition, Wien

Heinsheimer hatte in seinem Schreiben vom 7. Juli 1936 an Krenek „grundsätzliche Erwägungen" vorgetragen: „Es erübrigt sich, über die allgemeine Lage allzu viel Bemerkungen zu machen [...] Ich weiß, mit welchen Empfindungen Sie meiner der leichteren Muse zugeneigten Tätigkeit gegenüberstehen und wie sehr Sie mich innerlich eigentlich als einen Menschen empfinden, der eben auf allen Hochzeiten tanzen kann [...] Ich bin mir dieser Ihrer Haltung vollkommen und ganz eindeutig bewusst, aber ich stehe eben auf dem Standpunkt, dass wir nicht alt genug sind, um resigniert der Entwicklung zuzusehen oder um starrsinnig und bockbeinig Ziele zu verfolgen, die einfach keinen praktischen Wert mehr haben." Er empfand es „als einen geradezu qualvollen Zustand", daß sich ein Mann wie Krenek „einfach aus dem praktischen Betrieb ausschaltet": „Sagen Sie mir bitte nicht, dass Sie dazu nicht taugen und dass eben für Sie nichts anderes übrigbleibt, als Monteverdi zu bearbeiten oder bestenfalls eine Lehrstelle in einer kleinen Schweizer Stadt anzustreben und sich schmollend zurückzuziehen". Krenek sollte sich ein „interessantes Zeitstück einfallen" lassen, doch war Heinsheimer bei diesem Vorschlag nicht ganz wohl zumute, denn abschließend bemerkte er: „Bitte schreiben Sie mir, ob es irgend einen Zweck hat, auf dieser Basis mit Ihnen weiter zu korrespondieren oder ob Sie im Sinne der letzten Jahre dieses Schreiben Herrn Wiesengrund zur Bearbeitung und Herrn Reich zur Veröffentlichung in der ‚23' mit der Überschrift ‚Das sind unsere Kulturgüter' übergeben werden." – In Kreneks Antwortschreiben heißt es: „Für Ihren freundschaftlichen Brief und Ihre wohlgemeinten Ermahnungen danke ich herzlichst. Fürchten Sie keine Veröffentlichung in der ‚23' oder sonstwo. Privatbriefe sind dort eigentlich noch nicht abgedruckt worden [...] Zur Sache möchte ich mich im Moment lieber nicht ausführlich äußern [...] Sicher ist es bei mir eine Frage der Einstellung, inwiefern ich dagegen etwas tun kann, ist eine andere Frage."

Ernst Krenek ist augenblicklich auf einer größeren Auslandtournee begriffen. Er wiederholt in Zürich und Basel die von ihm in Wien mit großem Erfolg gehaltenen Vorträge über neue Musik, er begleitet eigene Lieder in Genf und Lausanne, spielt eigene Klavierwerke in den Radiosendungen von Amsterdam und Brüssel und spielt den Klavierpart in seinem ‚Concertino' für Klavier und Streichorchester in Lausanne und Rotterdam. Bei dieser Gelegenheit wohnt Krenek Aufführungen seiner Fragmente aus ‚Karl V.' in St. Gallen, Lausanne und im Haag bei. Eine weitere Aufführung der Fragmente findet im Februar in London durch die BBC statt (von Krenek selbstentworfene Pressenotiz, die er am 26. Jänner 19937 mit den Worten ‚diese Injektion wird manchen Leuten gut tun' an die U. E. sandte).

PHOTOGRAPHIE *des französischen Transatlantikdampfers „De Grasse".* 48

Krenek reiste im Oktober 1937 erstmals nach Amerika. Das internationale Opernstudio in Salzburg hatte seine Bearbeitung der *Krönung der Poppea* von Monteverdi herausgebracht und war u. a. auch mit dieser Produktion auf Tournee in die Vereinigten Staaten gegangen. Für Krenek war diese Reise der Anlaß, Kontakte zu Musikerorganisationen und Künstlern in den USA zu knüpfen.

KRENEK, *eigenhändiger Brief an die Universal Edition, New York, 23. November 1937.* 49

Universal Edition, Wien

„Zunächst die Mitteilung, daß ich mit Koussevitzky abgeschlossen habe, mein Klavierkonzert im November 38 bei ihm in Boston zur amerikanischen Erstaufführung zu bringen [...] Ich hoffe, daß sich nun auch andere Aufführungen finden werden. Sonst sind ein paar kleinere Sachen in Aussicht, Radio u. dgl. [...] Ich möchte Sie, zunächst vertraulich, folgendes fragen: ich habe vor, das nächste Jahr jedenfalls mit einem Immigrationsvisum hierherzureisen. Ob ich mich schon hier niederlasse, kann ich jetzt nicht sagen, aber jedenfalls ist es gut, es zu haben. Ich habe dazu auch schon einige vorbereitende Schritte getan. Nun wäre es auf jeden Fall gut, wenn ich den Besitz einer gewissen Summe hier nachweisen kann." Krenek wollte über die Universal Edition die Möglichkeit eines Transfers von Geldern erkunden.

50 KRENEK, *eigenhändiger Brief an die Eltern, Chicago, 29. Jänner 1938.*

„Gestern sind wir von Denver mit einem fabelhaften Streamliner hierhergefahren, er fährt 1100 Meilen [...] in 16 Stunden [...] Im Zug ist ein Waggon als Bar hergerichtet, im Stil einer Cowboy-Hütte im Wilden Westen in den 70er Jahren [...] Mein Programm ist so: am 1. von hier nach Boston, dort ist am 3. ein Empfang für uns (immer wir zwei, mit der Opera Guild haben wir nichts mehr zu tun), am 7. gehen wir nach New Haven, wo ich am 8. einen Vortrag habe. Am 9. nach New York, am 10. habe ich Vortrag in Princeton, dann vielleicht einen in New York (Columbia Universität), am 18. einen in Northampton (Massachusetts) in einer Mädchenuniversität. Am 27. soll ich in N[ew] Y[ork] im Radio dirigieren, abends ist der Empfang bei der League of Composers. Am 12. März spiele ich in Brüssel im Radio [...], am 17. März soll mit Gottes Hilfe das Klavierkonzert in Amsterdam sein. Danach ein Abend im dortigen Verein f. n. M. und ein Vortrag in Utrecht, beides noch nicht definitiv gesichert. Am 31. März ist ein Vortrag in Brüssel, am 8. April soll ich das Konzert in London spielen [...] Dann soll Radio Zürich sein [...] In San Francisco habe ich ein wenig gesprochen und Klavier gespielt, ähnlich wie in Los Angeles."

51 KRENEK *mit dem Architekten Josef Frank in Stockholm 1938. Photographie.*

Krenek kehrte 1938 nicht nach Wien zurück. Brüssel, London, Amsterdam, Helsinki, Stockholm, Warschau, Amsterdam und die Schweiz waren seine letzten Stationen vor seiner Emigration in die USA.

52 TELEGRAMM *des Deutschen Theaters in Prag vom 23. Juni 1938 an die Universal Edition.*

Universal Edition, Wien

Der Telegrammtext „Sehr großer eindrucksvoller und widerspruchsloser Erfolg" bezieht sich auf die Uraufführung von *Karl V.* am 22. Juni 1938 in Prag. Krenek, der in London weilte, konnte sich angesichts der drohenden politischen Lage nicht entschließen, nach Prag zur Premiere zu fliegen.

53 KRENEK, *eigenhändiger Brief an die Eltern, Jaffrey, 1. September 1938.*

„Wir sind gestern ordnungsgemäß hier eingewandert, es ging alles glatt." Krenek reiste über Kanada in die Vereinigten Staaten ein und nahm zunächst Aufenthalt in Jaffrey in New Hampshire. Mitte September sollte er dann in Boston tätig werden.

Man sagt hier, daß der Einwanderer aus Europa, wenn er sechs Wochen in Amerika war, bereit ist, über seine Erfahrungen ein Buch zu schreiben. Nach sechs Monaten schreibt er nur noch einen Artikel, und wenn er noch länger bleibt, schreibt er gar nichts mehr. Das bedeutet nicht, daß er sich nach sechs Monaten so vollkommen assimiliert hat, daß ihm nichts mehr merkwürdig erscheint. Die Wahrheit ist, daß er, nachdem der erste, natürlicherweise erwartete Eindruck völliger Fremdheit überwunden ist, in einem Zustand permanenten Erstaunens lebt (aus „Musik im goldenen Westen").

KRENEK, *eigenhändiger Brief an die Eltern, Boston, 18. September 1938.* 54

„Wir sind am 14. hierher gekommen, haben zuerst 2 Tage in Cambridge gewohnt, das war aber zu weit und zu teuer [...] Herr Malkin hat zwei Schüler aufgetrieben, das ist immerhin etwas zum Anfangen. Ich werde mir morgen die Gesellen anschauen, die Kompositionen, die ich gesehen habe, sind halbwegs diskutabel. Mittwoch fahre ich nach Pittsfield (4 Stunden von hier [...]), dort ist ein Kammermusikfest, von Frau Coolidge arrangiert, sie hat mich dazu eingeladen. Samstag werde ich dann von dort wahrscheinlich auf [ein] paar Tage nach New York fahren." (Krenek konnte wegen Überschwemmungen nicht nach Pittsfield reisen.) Im Oktober gab Krenek Vorträge an der Boston University, im November an der Harvard University und in Middletown.

Hier gibt es ab und zu Schwierigkeiten mit U. E. Noten, weil die Leute nicht gern von dort etwas haben wollen. Boosey und Hawkes, London, haben geschrieben, daß sie in Zukunft meine Musik nach Möglichkeit publizieren werden (Brief an die Eltern vom 5. Dezember 1938).

KRENEK, *eigenhändiger Brief an die Eltern, Boston, 8. Dezember 1938.* 55

„Ich habe eben einen Kontrakt bekommen für einen Kompositionskurs an der Universität von Michigan im Sommer 1939 vom 26. Juni bis 18. August [...] Der Ort heißt Ann Arbor (etwas westlich von Detroit). Das ist eine sehr angenehme Sache." Im November hatte er sein Debüt als Pianist in Boston mit dem II. Klavierkonzert (Burgin dirigierte das Boston Symphonieorchester) und im Dezember folgte er einer Einladung, im Rundfunk in New York zu spielen.

Hier in New York trifft man fast nur Europäer, so daß ich schon Lust habe, endlich ‚nach Amerika' zu fahren (Brief vom 27. Dezember 1938 an die Eltern).

ANSICHT VOM ROCKEFELLER CENTER *in New York. Photographie von 1938.* 56

Wir haben inzwischen hier [in Washington] einiges angeschaut, besonders die kolossalen Anlagen der Regierungsgebäude. Man sagt, daß die Beamten, die in verschiedenen Abteilungen zu tun haben, dort auf Rollschuhen herumfahren. Wir haben zwar keine gesehen, aber es ist glaubwürdig, weil die Gebäude unendlich sind (Brief vom 8. Jänner 1939 an die Eltern).

57 KRENEK, *eigenhändiger Brief an die Eltern, Washington, 1. Jänner 1939.*

Man hatte Krenek zur Teilnahme am musikwissenschaftlichen Kongreß in Washington eingeladen, an dem sich 900 Fachleute beteiligten. „Der Kongreß ist sehr gut verlaufen [...] Am ersten Tag wurden wir im Weißen Haus empfangen (mit Kaffee), Mrs. Roosevelt hat jedem einzelnen die Hand gereicht, keine kleine Arbeit. Mein Vortrag wurde sehr gut aufgenommen, die Hauptsache ist, daß man zahllose Menschen trifft [...] Vermutlich werden mehrere Vorträge dabei herauskommen, auch Dauerhafteres wird dadurch vorbereitet [...] Das Programm für Californien ist schon um einen Vortrag bereichert, ich werde am 7. Februar in Redlands sprechen, am 1. März in Pasadena und am 8. März in Palo Alto (bei San Francisco), kurz darauf wahrscheinlich in Berkeley."

Endlich eines der böhmischen Wirtshäuser hier entdeckt. Sehr gutes Essen, Ente mit Knödel und Kraut und echtes Prazdroj (jedes Glas aus dem Keller). Das war also ein sehr angenehmes Intermezzo (Brief aus Chicago an die Eltern vom 28. Jänner 1939).

Man muß sagen, daß, wer den Westen und den Süden von Nordamerika nicht kennt, keine Ahnung von dem Land hat. Ich weiß nicht, wieso viele Leute behaupten, daß das Land überall gleich ist. Natürlich bekommt man in allen Drugstores dieselben Sachen, und Kleider und Hüte sind überall gleich. Aber die Menschen und ihre Lebensart sind immer anders, und sehr merkwürdig (Brief an die Eltern vom 28. Dezember 1939).

58 KRENEK, *eigenhändiger Brief an die Eltern, Hollywood, 13. Februar 1939.*

„Ich habe gestern die Berufung als Theorie-Professor an das Vassar College in Poughkeepsie erhalten, für 2 Jahre, ab Herbst 1939. Das ist die angesehenste Mädchenhochschule in Amerika, ca. 1½ Stunden nördlich von New York, am Hudson gelegen [...] Ich habe schon im November mit den Leuten verhandelt, aber nichts geschrieben, bevor ich nichts Sicheres wußte. Jahresgehalt $ 4000. So wie ich sehe, nicht allzu viel zu tun. Das Music Department ist in einem ganz neuen, wunderbar eingerichteten Gebäude, mit einer außerordentlichen Bibliothek ausgestattet. Ich glaube, das ist ein sehr wichtiger Schritt vorwärts." Die Zeit bis zur Übersiedlung nach Poughkeepsie verbrachte Krenek mit Konzert- und Vortragsreisen.

59 KRENEK MIT SEINER FRAU BERTA *in San Francisco bei der Golden Gate Exhibition. Photographie vom März 1939.*

Historisches Museum der Stadt Wien

Seine Reise führte ihn u.a. nach Los Angeles, wo er dem Unterricht Schönbergs beiwohnte, und zu Vorträgen nach Stanford und Berkeley. Im April 1939 unterrichtete er im Black Mountain College in North Carolina.

Dieses (Black Mountain) College ist eher wie ein Landeserziehungsheim, eine Art Ferienkolonie oder so. Es hat sehr lockere Lehrpläne, die Studenten sollen in den ersten zwei Jahren selbst herauskriegen, was sie am meisten interessiert, und sich die weiteren zwei Jahre dann damit speziell befassen. Sie machen unendlich viel verschiedene Sachen, Musik, Vorträge, Tanzen, Theater spielen, eher etwas zu viel (Brief an die Eltern vom 27. April 1939).

Das Publikum bei meinen Vorträgen ist verschieden. Manchmal sind es nur die Studenten des Music Departments, in seltenen Fällen ist der Vortrag direkt eine von dem betreffenden Lehrer übernommene Unterrichtsstunde. Meist ist es eine Veranstaltung der Universität, also für alle Studenten und Professoren nach Wunsch zugänglich (Brief an die Eltern vom 27. Mai 1939).

KRENEK, *eigenhändiger Brief an die Eltern, Ann Arbor, 1. Juli 1939.* 60

Im Juni 1939 begab sich Krenek nach Ann Arbor, wo er an der University of Michigan (so wie auch 1940) Sommerkurse leitete. ,,Meine Einteilung hier ist so: Dienstag, Mittwoch, Donnerstag, Freitag 9–11 Kompositionsklasse mit 11 Studenten. Zwei haben außerdem noch einen Zuschlag für private Stunden (2mal wöchentlich 30 Minuten) gezahlt, diese kommen Dienstag und Freitag von 11–12. Dann, an denselben Tagen (Dienstag bis Freitag) von 1–2 Kurs über moderne Musik mit cca. 50 Hörern. Das ist eine Reihe von allgemeinen Vorträgen mit Demonstrationen am Klavier, mit Schallplatten, an der Tafel etc. Die Hörer beteiligen sich gelegentlich durch kurze Referate über irgend ein Thema, das ich ihnen aufgebe, durch Diskussionen, oder sie schreiben alle irgend ein kurzes Referat, das ich ihnen aufgebe [...] Die Kompositionsschüler sind sehr sympathisch und eifrig, einige von ihnen vielleicht ganz talentiert, es fehlt ihnen nur sehr an der bei uns üblichen Vorbildung."

Heute haben wir [...] auf einem Golfplatz das Spiel beobachtet [...] Das ist eine sehr angenehme Bewegung, weil die Golfplätze wirklich sehr schön sind. Es ist die einzige Art von Fußbewegung, die hier landesüblich ist [...] Wer zu Fuß gehen will, spielt Golf (Brief an die Eltern vom 13. August 1939).

Englisch lerne ich eigentlich nicht besonders, habe es auch nicht systematisch gelernt. Mit Lesen und Sprechen lernt man das Wesentliche. Gewisse Feinheiten bleiben natürlich immer noch unberücksichtigt, aber das kann man theoretisch kaum lernen, wenn man nicht schulmäßig angefangen hat. Das kommt schon nach und nach. Man ist hier glücklicherweise nicht besonders empfindlich für diese Sachen (Brief an die Eltern vom 19. Juni 1939).

KRENEK MIT SEINER FRAU BERTA *vor dem Hauptgebäude von Vassar College. Photographie vom Juni 1940.* 61

Historisches Museum der Stadt Wien

Krenek blieb drei Jahre in Poughkeepsie am Vassar College. Von den Studentinnen wurde sein Unterricht geschätzt, auf Widerstand stieß er jedoch beim Kollegium.

Der Studierbetrieb ist ganz anders als in Europa, man kann nichts so gründlich und systematisch durchnehmen, wie wir das gewohnt waren [...], aber dafür haben sie eine viel schnellere Intelligenz und fassen in kurzer Zeit viel mehr auf. Was sie dann später damit anfangen, ist freilich eine andere Frage, aber das ist eigentlich überall eine individuelle Sache (Brief vom 9. November 1939 an die Eltern).

62 KRENEK, *eigenhändiger Brief an die Eltern, Poughkeepsie, 17. Jänner 1940.*

„Gestern hatten wir ein kleines Konzert mit Arbeiten meiner Studentinnen. Sie haben zum Teil sehr hübsche Sachen geschrieben, und alles ist ganz befriedigend ausgefallen. Es waren ein paar Chorkompositionen mit lateinischem Text, die die Kontrapunktklasse gemacht hat. Sie haben auch selbst gesungen. Ein Stück (Variationen) war für Streichquartett [...] Andere Variationen für Klavier habe ich selbst gespielt, und dann gab es noch ein paar Klavierstücke und Lieder [...] Ende des Monats ist das 1. Semester zu Ende. In dem Kurs, der mit diesem Semester zu Ende geht, muß ich eine kleine Prüfung abhalten [...] Ich habe für das Orchester hier ein kleines Stück [op. 86] geschrieben, das ich im Mai dirigieren werde. Da es ganz leicht sein muß, habe ich eine Art Konzert für Klavier und Orgel daraus gemacht, bei dem das Orchester nicht viel zu tun hat. Auch für den Chor habe ich zwei kleine Stücke geschrieben [op. 87], sie beabsichtigen das bei dem Jubiläumskonzert im Juni zu machen."

Die letzten Wochen waren sehr beschäftigt – ich hatte wiederholt nach New York zu fahren zu den Konzerten des Musikfestes. Es ist besser ausgefallen als man annehmen konnte, in Anbetracht der Tatsache, daß es zum ersten Mal hier war, so daß also eigentlich niemand wußte, das das alles bedeutet, und in Anbetracht der allgemeinen Schwierigkeiten. Natürlich gab es die üblichen Nörgler (übrigens genau dieselben Leute, die schon in Europa immer alles besser gewußt haben) (Brief vom 3. Juni 1941 an die Eltern).

63 KRENEK, *eigenhändiger Brief an die Eltern, St. Paul, 24. Oktober 1945.*

„Ich war von 1939 bis 1942 Professor am Vassar College, wie Ihr wißt. Mit der Zeit haben sich dort Schwierigkeiten ergeben, da mein Chef ein verzopfter, pedantischer Mensch war, der Angst vor moderner Musik hatte und auf meinen Erfolg bei den Studenten neidisch wurde. So habe ich im Herbst 1942 eine Stellung als Chef des Music Departments an Hamline University in St. Paul, Minnesota, angenommen. Das ist ein mittelgroßes (700 Studenten) College, lose zusammenhängend mit der methodistischen Kirche, etwas provinziell im Gesamtcharakter, aber sehr regsam und speziell interessiert an den Künsten. Im Jahre 1943 hat man die Departments für Musik, Drama und bildende Kunst in einer School of Fine Arts zusammengefaßt und mich zum Dean (Dekan) dieser Schule gemacht. 1944 haben sie mir ein Ehrendoktorat gegeben. Ich habe sehr viel zu tun, und die Stellung ist vergleichsweise nicht sehr hoch bezahlt, aber ich habe ein großes Maß von Unabhängigkeit, da ich mein eigener Chef bin. Ich habe zahlreiche gute Studenten und interessante Arbeit. Wir haben eine Ortsgruppe der Internationalen Gesellschaft für Neue Musik gegründet und mehrere sehr erfolgreiche Konzerte gegeben. Ich habe verschiedene neue Sachen geschrieben, viele davon sind aufgeführt worden [...] Vom Krieg haben wir hier nicht sehr viel bemerkt [...] Die unangenehmste Seite hier ist das Klima, mit entsetzlichen Kälten im Winter, der endlos lang dauert [...] In den Jahren 1941, 42 und 43 habe ich im Sommer an der Universität von Wisconsin unterrichtet, 1944 im Black Mountain College, North Carolina (wo ich den Jalowetz als Chef der Musik untergebracht hatte) und letzten Sommer am Kenyon College in Ohio. Letzten Januar sind wir amerikanische Staatsbürger geworden. Als Österreicher sind wir nie als ‚feindliche Ausländer' betrachtet worden und waren keinerlei Beschränkungen oder Schikanen ausgesetzt."

Ich habe mich jetzt seit acht Jahren auf dem sogenannten akademischen Gebiet betätigt und im allgemeinen große und unerwartete Resultate und viel Befriedigung erreicht. Unter den jungen Menschen hier gibt es viele, die wirklich großes Talent, unglaubliche Aufnahmsfähigkeit und Anpassungsgabe, wirkliche Begeisterung und sehr ausgeprägtes, unbeirrbares Wertbewußtsein haben. Solang sie in der Schule sind, ist es eine große Freude, mit ihnen zu arbeiten. Das Problem beginnt, wenn sie in die schauerlichen Dschungel des Kommerzbetriebes ausgesetzt werden. Ich glaube, daß es mir gelungen ist, in einer gewissen Anzahl genügend Widerstandskräfte zu entwickeln (Brief vom 25. Februar 1947 an Helene Kann).

KRENEK, *eigenhändiger Brief an seine Mutter, St. Paul, 28. April 1947.* 64

„Mein Vortrag in Chicago war am 2. April, ich bin am selben Tag früh von hier hingefahren, es ist nur 7 Stunden. Am 3. war ich in Madison bei [Rudolf] Kolisch, habe mit ihm mein Trio und die Violinsonate geübt, und bin nachts zurückgefahren. Am 11. war ich wieder in Chicago, für das Konzert an der Universität, das sehr gut ausgefallen ist. Und inzwischen war ich in Texas, bin gestern zurückgekommen. Das ist viel weiter, 26 Stunden mit dem schnellsten Zug. Ich habe einen Vortrag an der Staatsuniversität in Austin gehalten, einen anderen in Waco, wo auch ein ganzes Konzert mit meinen Sachen gegeben wurde [...] Inzwischen habe ich mir in Gottes Namen ein Auto gekauft, ein 1941 Studebaker Modell, in sehr guter Verfassung [...] Es ist ein schönes großes Auto, grün, mit Radio, Heizung, und allen möglichen modernen Einrichtungen [...] Ich fahre jetzt jeden Tag und es geht ganz schön, unberufen. Vorläufig habe ich eine Anfänger-Lizenz [...] und eine Studentin von mir fährt mit mir herum und unterrichtet mich."

KRENEK AM SCHREIBTISCH KOMPONIEREND, *Albuquerque, Sommer 1947. Photographie.* 65

Historisches Museum der Stadt Wien

Im Sommer 1947 übernahm Krenek die Leitung von Kompositionskursen an der Universität von New Mexico in Albuquerque, und wurde auch in den folgenden Jahren von dieser Universität eingeladen. In St. Paul an der Hamline Universita gefiel es ihm immer weniger und so entschloß er sich, nach dem Sommer 1947 nicht mehr dorthin zurückzukehren, sondern den Versuch zu unternehmen, sich in Kalifornien zu etablieren.

Im Herbst 1947 habe ich meinen Wohnsitz in Los Angeles, Californien, aufgeschlagen, angetrieben von meinem lebenslangen Wunsch, im Süden zu leben (aus „Selbstdarstellung").

Alles geht hier sehr langsam vor sich, die Leute haben [...] schrecklich viel Zeit und bummeln sehr. Ich habe zwei Kurse in Musikgeschichte [...] circa 100 Studenten, die sich alle sehr interessieren [...], meistens Soldaten, die aus dem Krieg zurückgekommen sind und fertig lernen wollen (Brief vom 1. Oktober 1947 an die Mutter).

66 KRENEK, *eigenhändiger Brief an seine Mutter, Los Angeles, 23. Jänner 1948.*

„Ich habe für das zweite Semester dieses Schuljahres (bis Juni) ausreichende Beschäftigung, teils an einer privaten Musikschule (Southern California School of Music), teils an dem städtischen (und bald staatlichen) City College of Los Angeles. Im Sommer (Juni bis August) werde ich wieder an der University of New Mexico in Albuquerque tätig sein. Beide dieser Schulen hier haben die Möglichkeit, sich weiter zu entwickeln, so daß ich im nächsten Jahr noch bessere Möglichkeiten haben könnte." Die finanziellen Aussichten waren äußerst schlecht, so daß Krenek zwischendurch erwog, ein Angebot nach Kapstadt (Südafrika) anzunehmen.

Natürlich ist nicht alles hier sehr glänzend, speziell die Bezahlung. Es ist ein sehr reiches Land, und Geld fliegt überall herum. Aber für unsere Sachen wird nichts ausgegeben. Wenn man hier wirklich etwas verdienen will, muß man Eiskästen verkaufen, oder gebrauchte Autos, oder Kaugummi, oder man muß einen neuen Fernseh-Apparat erfinden, oder so etwas (Brief vom 29. Juli 1948 an die Mutter).

67 LOS ANGELES *City College Music Department presents Compositions by Ernst Krenek. 17. November 1948. Programmzettel.*

Auf dem Programm standen die *Orgelsonate op. 92,* die 1948 entstandene *4. Klaviersonate* und an größeren Werken das *Concertino op. 27* und die dem Andenken Weberns gewidmete *Sinfonische Elegie für Streichorchester.* – Von kleinen künstlerischen Erfolgen abgesehen, war Kreneks Situation doch so prekär, daß er einer Einladung Folge leistete, die Kompositionsabteilung am Chicago Musical College zu übernehmen.

68 KRENEK, *eigenhändiger Brief an seine Mutter, Albuquerque, 25. Juli 1949.*

„Nächsten Monat werde ich viel unterwegs sein, da ich noch einmal für ein Konzert nach Los Angeles fahren werde, bevor ich mich nach Chicago begebe. Wir haben beschlossen, daß ich dort zuerst allein hingehe und daß Berta zunächst etwas hier bleibt. Ich möchte mich dort nicht permanent niederlassen, da gewisse Aussichten bestehen, daß ich vielleicht hier eine bessere und dauernde Stellung bekomme [...] So wie ich dort bin, werde ich mich auch sofort um die Europa-Reise interessieren." Nicht nur die Erneuerung von künstlerischen Kontakten ließen Krenek eine Europareise erwägen, sondern von offizieller Seite in Wien hatte man bei ihm (unverbindlich) angefragt, ob er sich zu einer Rückkehr nach Österreich entschließen könnte.

Was die Aufführungen meiner Werke in Wien betrifft, so bin ich natürlich nicht besonders zufrieden, aber ich kann mir ja wirklich kein Bild von den Verhältnissen machen. Es ist ganz schön, daß sie hier und dort ein kleines Lied von mir bringen, aber ich habe doch genug größere und wichtigere Sachen geschrieben. Vielleicht kann man die jetzt nicht spielen, aber ein bißchen mehr könnte man sich vielleicht anstrengen (Brief vom 30. April 1946 an die Mutter).

Es ist in gewissem Sinne richtig, daß ich eine Art von neuem Leben anfangen will. Ich fühle, daß ich nicht zu alt dazu bin, und es ist vielleicht gerade noch Zeit. Ich muß hier fort, ich kann es einfach nicht weiter aushalten, ich leide zu sehr, kann nichts arbeiten und fühle mich elend. Ich habe arrangiert, daß ich am 1. Februar hier weg kann, und werde nach Los Angeles gehen, der einzige Platz, wo ich wirklich sein will [...] *Vorläufig habe ich keine bestimmte Stellung dort, aber ich mache mir darüber nicht viel Sorgen, ich habe das Gefühl, daß alles richtig sein wird. Ich glaube, ich habe zu lange und zu oft alles andere dieser sogenannten ‚Sicherheit' zum Opfer gebracht, und was habe ich schon davon gehabt? (Brief vom 14. Jänner 1950 aus Chicago an die Mutter).*

KRENEK, *eigenhändiger Brief an seine Mutter, Chicago, 1. Februar 1950.* 69

„Ich bin an einem Punkt angelangt, wo ich vieles ändern muß, um weiterzukommen. Ich habe mich ja nie in einem bestimmten Zustand sehr lang wohlgefühlt. Das ist vielleicht bedauerlich, aber es ist ja vielen anderen Künstlern auch so gegangen. Ich habe jetzt 12 Jahre an diesen Schulen gearbeitet, und das habe ich jetzt etwas satt [...] Ich gehe also jetzt nach Los Angeles zurück. Mitropoulos hat mir zuerst einmal 2000 Dollar gegeben, was eine Weile reichen wird. Inzwischen habe ich mir schon gewisse private Klassen dort organisiert, wo ich Studenten habe, die ich möchte, nicht so eine Massenwirtschaft wie hier."

KRENEK MIT EDUARD ERDMANN UND DEM GEIGER TIBOR VARGA *in Hamburg. Photographie von 1950.* 70

Von August bis Oktober 1950 hielt Krenek sich in Europa auf. Es war seine erste Europareise nach dem Krieg, die ihm Paul Sacher finanzierte. Darmstadt, Hamburg, Basel, Locarno, Venedig, Wien waren einige der Stationen, wo er Konzerte zu leiten und Vorträge zu geben hatte.

Bisher bin ich überall sehr schön aufgenommen worden, alles Berufliche ist gut. Sonst finde ich Europa nicht sehr begeisternd, und das Reisen ist einfach schrecklich (Brief vom 29. August 1950 an die Mutter).

Manchmal scheint mir, daß ich doch in Aussicht nehmen soll, längere Zeit in Europa zu verbringen, da dort mehr für mich zu tun ist und auch mehr Geld sich ansammelt, während ich hier nichts sehr Nutzbringendes zu tun habe [...] *Wenn ich mehr Opernpläne verwirklichen will, kommt ja doch wieder hauptsächlich Europa, besonders Deutschland, in Frage* [...] *Hier ist alles so schwierig, daß man sich fragen muß, ob es sich lohnt, wenn es anders möglich wäre (Brief vom 21. Dezember 1950 an die Mutter).*

ANSICHT VON HOLLYWOOD. *Photographie.* 71

Im Herbst 1950 bezog Krenek eine Wohnung in North Hollywood. Er unterrichtete weiter am City College, aber seine Position war wenig einflußreich.

Im Frühjahr 1951 befaßte er sich mit dem Plan einer weiteren Europareise. Die Kontakte vom Sommer 1950 hatten ihm viele Aufträge vermittelt, die ihn der größten finanziellen Sorgen enthoben.

Es tut mir leid, daß ich so ein unsicheres Leben habe, aber das hilft ja nichts. Vielleicht hätte ich mich auf das nicht einlassen sollen, aber das ist nun zu spät. Auf der anderen Seite, wenn ich eine sogenannte Stellung hätte, so könnte ich wieder nicht so leicht wegfahren und diese ausländischen Möglichkeiten wahrnehmen und auch nicht so viel komponieren (Brief vom 28. Juni 1951 an die Mutter).

72 KRENEK MIT STUDENTEN *in Teresopolis, Brasilien. Photographie vom Februar 1952.*

Im Anschluß an seine Europareise vom Herbst 1951 – auf dem Programm stand u.a. ein Kompositionskurs am Mozarteum in Salzburg – begab sich Krenek auf Einladung nach Brasilien, wo er mit großem Erfolg mit Studierenden arbeitete.

73 KRENEK, *eigenhändiger Brief an die Mutter, Teresopolis, 15. März 1952.*

„Der Kurs hier kommt morgen zu Ende, war recht gut und auch erfolgreich. So etwas hat es hier noch nie gegeben, und es erregt viel Aufmerksamkeit [...] Man hat mir mehr oder weniger eine Stellung an dem neuen Pro Arte Konservatorium in Saõ Paulo angeboten [...] Das ist eine ganz gute Idee, ich wollte nur, man möchte mir so etwas in Californien anbieten, denn hier habe ich vorläufig keine Lust, mich irgendwie festzusetzen." Krenek hielt dann noch Vorträge in Saõ Paulo und spielte in der Radiostation von Rio de Janeiro.

74 KRENEK, *eigenhändiger Brief an die Mutter, Los Angeles, 8. September 1953.*

„In New York habe ich ein Abkommen gemacht mit BMI (Broadcast Music Incorporated), eine Aufführungsrechtsgesellschaft so wie AKM etc. Sie garantieren mir für 5 Jahre $ 2.400 jährlich für meine Aufführungsrechte in Amerika (ausländische Einnahmen kommen noch dazu); das ist mehr als das Dreifache von dem, was ich von ASCAP bekomme." Kreneks finanzielle Lage hatte sich damit schlagartig gebessert. An ausländischen Aufträgen lag die Komposition eines *Violinkonzertes* für Radio Köln vor. – Eine finanzielle Aufbesserung hatte auch eine Einladung nach Toronto zu einem Sommerkurs im Juni 1953 gebracht.

Ich lebe sehr regelmäßig und arbeite ohne Hetze, nach meiner eigenen Einteilung, was sich ja die meisten Leute nicht leisten können (Brief vom 11. April 1954 an die Mutter).

75 KRENEK ALS DOZENT *bei den Internationalen Ferienkursen für Neue Musik in Darmstadt. Photographie.*

1954 lud man Krenek als Kompositionslehrer zu den Ferienkursen nach Darmstadt, wo auch seine kleine Oper *Dark waters* und sein *VI. Streichquartett* auf dem Programm standen. Krenek suchte das Gespräch mit der jungen Darmstädter Avantgarde, scheiterte aber im besonderen bei Karlheinz Stockhausen: Der Generationenkonflikt begann sich abzuzeichnen.

Ich habe öfters gehört, daß Hindemith nach seiner Rückkehr nach Europa verstimmt war, weil die Jungen nicht so schreiben wollten wie er und ihn daher ablehnten. Mein Fall ist umgekehrt. Ich werde von den Jungen abgelehnt, weil sie glauben, daß ich so schreiben wollte wie sie (aus „Gespräch mit meinem zweiten Ich").

KRENEK MIT SEINER MUTTER UND MIT SEINER DRITTEN FRAU GLADYS *in Wien. Photographie von 1954 (?).* 76

Historisches Museum der Stadt Wien

Krenek hatte 1950 seine Kompositionsschülerin (an der Hamline University) Gladys Nordenstrom geheiratet. Gladys unterrichtete in Los Angeles und trug damit wesentlich bei, daß Krenek sich fast ausschließlich der Kompositionsarbeit widmen konnte. – Die Stationen der Europareise von 1954 waren außer Darmstadt u.a. Frankfurt, München, Berlin, Kassel, Zürich, Turin und Wien.

Es freut mich zu hören, daß man immer wieder so viel von mir am Radio [in Wien] hören kann. Wenn ich all das Geld, das damit seit 1945 verdient worden ist, haben könnte, wäre ich viel besser dran. Leider ist bis jetzt alles fest gefroren. Ich habe schon einige energische Schritte unternommen, aber das ist noch nicht genügend (Brief vom 6. Juni 1954 an die Mutter).

KRENEK, *eigenhändiger Brief an die Mutter, Los Angeles, 22. April 1955.* 77

„Wie Du wahrscheinlich schon weißt, habe ich den Musikpreis der Stadt Wien erhalten. Heute kamen zwei Telegramme, vom Bürgermeister Jonas und vom Stadtrat Mandl, um mir das mitzuteilen. Das ist ja gewiß sehr schön und ehrenvoll." Die Position, die ihm die Hochschule für Musik in Wien anbot, lehnte er jedoch ab.

Daß dieser Staatsvertrag jemals zustandekommt, hätte ich mir kaum gedacht. Wollen wir hoffen, daß sich bis Sonntag früh nicht jemand schnell noch etwas Anderes überlegt. Hoffentlich werden sich meine Landsleute die Lektion merken. Daß sie neutral bleiben dürfen, ist das Beste, was ihnen passieren konnte (Brief vom 13. Mai 1955 an die Mutter).

Ich wurde 1955 eingeladen, im Studio des Westdeutschen Rundfunks Köln zu arbeiten, als die elektronische Musik noch als Teufelswerk oder bestenfalls naturwidrige Spielerei verrufen war und kein anderer halbwegs namhafter Komponist sich bereit fand, sie respektabel zu machen. Nachdem ich meine Schuldigkeit getan hatte, wurde ich dort nicht mehr so gern, das heißt nämlich, gar nicht mehr gesehen (aus „Gespräch mit meinem zweiten Ich").

78 KRENEK MIT HERBERT EIMERT *im Elektronik-Studio in Köln. Photographie von 1956.*

Krenek arbeitete auf Einladung von Eimert von Februar bis April 1956 im Elektronik-Studio und gab auch einen Kurs an der Hochschule für Musik in Köln. Er konnte seine Arbeit dort im folgenden Jahr nicht fortsetzen. Die offizielle Entschuldigung dafür, daß er „ausgeladen" wurde, lautete, seine Mitarbeit sei zu teuer (lt. Schreiben vom 16. Oktober 1957 an die Mutter). Nach Europa kam er wieder 1958.

Das Gefährliche bei diesen vielen Reisen ist, daß einem schließlich nichts mehr richtig zusagt. In Europa denkt man immer an das, was hier besser ist, und wenn man hierher kommt, so denkt man, es wäre besser, man wäre dort geblieben (Brief vom 19. August 1956 an die Mutter).

79 KRENEK, *eigenhändiger Brief an die Mutter, Tujunga, 19. September 1956, mit Grundrißzeichnung eines Hauses.*

Im September erwarb Krenek ein Haus in Tujunga, einem Stadtteil von Los Angeles, das er mit Gladys' Hilfe instand setzte.

In einer sogenannten Demokratie geht nur alles sehr langsam, weil man nicht auf den Knopf drücken und befehlen kann. Alles muß erst beraten werden, man muß hundert Leute fragen. Gesetze müssen geändert werden usw. Das ist der Nachteil, mit dem man dafür bezahlen muß, daß einem selbst auch niemand herumkommandieren kann (Brief vom 1. Dezember 1956 an die Mutter).

80 KRENEK, *eigenhändiger Brief an die Mutter, New York, 14. März 1958.*

„Die beiden Konzerte hier [...] sind ausgezeichnet verlaufen, waren sehr gut besucht [...] Sogar die Zeitungen waren sehr gut, was hier selten vorkommt, wenn es sich um wirklich neue Musik handelt. Montag–Dienstag habe ich die Sestina auf Platten aufgenommen, was auch sehr gut ausfiel. Die Musiker haben mit besonderer Aufmerksamkeit und Freundschaft mitgearbeitet, was mich immer besonders freut. Auch sonst ist alles hier bisher sehr gut gegangen, Besprechungen, Konferenzen etc. Viele neue Unternehmungen sind angebahnt worden [...] Interessant war, daß der Präsident der Vox-Gesellschaft, die doch schon seit Jahren die Grammophonplatte von ‚Jonny' machen will, auf einmal fragte, ob ich die Aufnahme nicht selbst dirigieren will [...] Morgen fahre ich nach Princeton." (Krenek hatte in Princeton 1957 ein Seminar am Graduate College vor 250 Studenten geleitet.)

Aus Düsseldorf hatte ich ein Telegramm von der Oper [über die Premiere von ‚Karl V.'], das einen ‚starken Eindruck', ‚große Spannung' und 18 Vorhänge meldete [...] ‚Ziemlich positiv' heißt gewiß ganz gut, aber nicht überwältigend. Es war also wohl kein ‚Erfolg' wie die ‚Lustige Witwe', aber das ist ja auch nicht zu erwarten (Brief vom 16. Mai 1958 an die Mutter).

KOMPOSITIONS-ABEND ERNST KRENEK *im Rahmen der Berliner Festwochen 1958 am 29. September in der Eichengalerie des Charlottenburger Schlosses. Plakat.* 81

Universal Edition, Wien

Krenek dirigierte das *Konzert für Harfe und Kammerorchester* und die *Sestina,* begleitete die *Kafka-Lieder* und spielte die *20 Miniaturen* am Klavier.

Natürlich habe ich nicht die Absicht, bei den Salzburger Festspielen zu erscheinen. Was soll ich denn da? Das Gedränge vermehren und Geld ausgeben? (Brief vom 7. Februar 1960 an die Mutter).

„PROGRAM OF ERNST KRENEK'S EUROPEAN TOUR 1960/61". *Typoskript mit Kreneks eigenhändigen Bemerkungen.* 82

Universal Edition, Wien

Die Tour begann in Salzburg am 21. August mit dem *Reisebuch aus den österreichischen Alpen* (mit Patzak), dann folgten Alpbach (Seminar, Vorträge, Konzert), im September Frankfurt, Hannover, Bremen (jeweils Radio) und Hamburg, im Oktober Kassel (Kasseler Musiktage mit der *Sinfonischen Elegie*), Münster, Essen, Krefeld (jeweils Konzerte mit dem Sänger Timper), Trossingen, Wien, im November Berlin, Köln, Darmstadt, im Dezember Bern, Basel, Zürich, München, im Jänner Rom, Winterthur und im Februar Wien, Linz, Salzburg und München. – Das Jahr 1960 war auch reich an Ehrungen: die Stadt Wien verlieh ihm das Goldene Ehrenzeichen, von Österreich bekam er das Silberne Ehrenzeichen um Verdienste um die Republik, die Wiener Hochschule für Musik ernannte ihn zum Ehrenmitglied, und als besondere amerikanische Auszeichnung wurde er Mitglied des National Institute of Arts and Letters.

KRENEK BEI EINER ORCHESTERPROBE *in Winterthur. Photographie vom Jänner 1961.* 83

Krenek dirigierte dort sein *II. Concerto grosso,* die *Elf Transparente, Kette, Kreis und Spiegel* sowie auch Strawinskys *Mouvement for Piano and Orchestra.*

Wir haben wieder so ein entsetzliches Feuer hier, das ärgste bis jetzt in der Geschichte der Stadt [Los Angeles]. Es ist circa eine Stunde Fahrzeit von hier. Seit gestern sind schon 250 Häuser vernichtet worden, ein ganzes Stadtviertel mit sehr kostbaren Villen [...] 2000 Mann und 12 Flugzeuge bekämpfen das Feuer, aber das Ende ist noch nicht abzusehen. Zuerst war ein furchtbarer Sturm, 2 Tage lang, auch hier bei uns, 100 km Geschwindigkeit – wie gewöhnlich bei strahlend blauem Himmel. Das war natürlich sehr schlecht für das Feuer. Auch ist es auf den Bergen strohtrocken, da es seit 3 Jahren fast nicht mehr geregnet hat (Brief vom 8. November 1961 an die Mutter).

KRENEK, *eigenhändiger Brief an die Mutter, Tujunga, 27. Jänner 1962.* 84

„Am 6. Juli soll die Produktion der Fernseh-Oper [*Ausgerechnet und verspielt*] beendet sein. Die Proben beginnen für mich am 22. Juni [...] Wir können hier nicht vor dem 16. Juni abreisen. Inzwischen kam eine Einladung, bei einem Musikfest der Deutschen Studentenschaft in Tübingen einen Vortrag zu halten, wie es scheint, am 18. Juni. Das würde sich machen lassen [...] Wegen Alpbach: man erwartet, daß ich dort ein Seminar mit Stuckenschmidt abhalte (etwa 10 Tage). Er war unlängst hier, und ich habe ihn gebeten, sich etwas auszudenken, was in das Generalthema hineinpaßt [...] Ich soll auch eine Ballettmusik für 5 Bläser schreiben, die dann dort auf dem Dorfplatz aufgeführt wird, mit Tanzerei von Yvonne Georgi und ihrer Gruppe [...] In Seattle [...] ist die Universität von Washington (Staat), und dort ist dieser Moldenhauer Professor. Er hat wohl die Idee von diesem Webern-Fest aufgebracht." Krenek wurde Ehrenpräsident der von Hans Moldenhauer gegründeten Internationalen Webern-Gesellschaft. Zum ersten Webern-Fest in Seattle wurde Krenek als Komponist und Vortragender eingeladen.

85 KRENEK MIT SEINER KOMPOSITIONSSCHÜLERIN BEVERLY GRIGSBY UND DEM KOMPONISTEN AURELIO DE LA VEGA *im Elektronik-Studio des San Fernando Valley State College, Northridge. Photographie von Ende 1962.*

Krenek fand nach der Absage von Köln auch in Kalifornien Möglichkeiten, mit elektronischer Musik zu arbeiten. Über seine Erfahrungen in Northridge schrieb er am 2. Jänner 1963 an seine Mutter: „Die Arbeit war ziemlich schwierig, weil das Gebiet so neu ist, daß man für jede Apparatur fast alles wieder neu erfinden muß."

Wir lesen jetzt hier die New York Times, die hat jetzt eine Spezialausgabe für die Westküste, wird nach irgendeinem besonderen Verfahren ‚ferngedruckt'. Natürlich viel besser als die lokalen Zeitungen. Aber deshalb dauert es auch viel länger, sie zu lesen (Brief vom 5. November 1962 an die Mutter).

86 KRENEK, *eigenhändiger Brief an seine Mutter, Tujunga, 6. Dezember 1964.*

„Zu der Salzburger Sache: das ist ja alles schön und gut, daß die Fakultät mich dem Minister an erster Stelle vorgeschlagen hat. Es wundert mich nur, daß die U.E. sich so bemüht hat, ihnen Material zu schicken, nachdem mir Hartmann (der sich besonders dafür interessiert hat, daß ich hingehe) schon vorher geschrieben hatte, daß da leider keine Aussicht ist, weil ich zu nahe an der gesetzlichen Altersgrenze bin und daß da nicht einmal der Bundeskanzler eine Ausnahme veranlassen könnte [...] Es wundert mich, daß die Mozarteum-Leute sich da nicht früher erkundigt haben [...] Von ‚Karl V.' in München haben wir gewiß gesprochen. Daß ich eine Vorstellung dirigieren soll, war damals noch nicht einmal geplant [...] In Düsseldorf gibt es eine Art Verein für moderne Sachen, und die haben mich gebeten (wegen der Preisverleihung), ein paar Gedichte [...] zu komponieren (bezahlt) und bei ihrer Jahresversammlung zu präsentieren [...] In Verbindung mit dem Engagement [im Februar 1965] an Brandeis University [Boston] haben wir eine möblierte Wohnung in Cambridge gemietet, das ist so zwischen Boston und Waltham, wo die Universität ist." Das Mozarteum in Salzburg wollte Krenek bereits 1959 überreden, eine ordentliche Professur zu übernehmen. 1964 schlug nun die Lehrerschaft Krenek, seit 1963 österreichischer Staatspreisträger, als Präsidenten vor. Da Krenek bereits im 65. Lebensjahr stand, war dieser Vorschlag undurchführbar.

KRENEK, *eigenhändiger Brief an Ernst Hartmann (Universal Edition), Cambridge, 1. Mai 1965.* 87

Universal Edition, Wien

„Zunächst will ich von dem Krenek-Festival in Minneapolis – St. Paul berichten. Es gab drei Konzerte (davon ein Orchesterkonzert), in denen zwölf verschiedene Stücke von mir gespielt wurden, fast alle sehr gut, einige sogar besonders gut. Ich habe auch an mehreren Stellen gesprochen, Vorträge, Diskussionen etc. Alles war glänzend besucht, das Orchesterkonzert überfüllt, viele Stehplätze. Aus Anlaß des Festivals wurde ich auch zum Gouverneur berufen und von ihm zum Ehrenbürger des Staates Minnesota ernannt [...] Es war lustig für mich, zum ersten Mal wenigstens 4 von den *Sieben Stücken* op. 31 zu hören. Die sind eigentlich sehr hübsch und nicht besonders schwer [...] Apropos: schlummernde Werke: im September dirigiere ich in Bamberg die Sinfonie für den Bayr. Rundfunk, und Pietsch hat sich für meine *3. Sinfonie* interessiert. Ich kenne das Stück überhaupt nicht – ich glaube, auch das habe ich nie gehört." (Krenek berichtete später an Hartmann über diese *3. Sinfonie:* „Es hat sich gezeigt, daß meine 3. Sinfonie [...] ein wirklich sehr frisches, lebendiges und dankbares Orchesterstück ist, typisch für die expressionistische Situation der frühen 20er Jahre." Brief vom 19. September 1965).

KRENEK. *Zeichnung (Karikatur) von Winnie Jakob (1965).* 88

Kreneks 65. Geburtstag war der Anlaß für viele Ehrungen. Krenek-Festivals fanden statt, die Bundesrepublik Deutschland überreichte ihm einen Verdienstorden und die University of New Mexiko in Albuquerque verlieh ihm das Ehrendoktorat.

Der Doktortitel hat schon sehr viel Bedeutung hier, wenn man eine akademische Stellung hat, aber dann muß es ein erstudierter Titel sein. Das Ehrendoktorat hat sehr wenig Bedeutung, außer ein bißchen Reklame (Brief vom 6. Juli 1953 an die Mutter).

KRENEK *mit Mario Bonaventura im Dartmouth College, Hanover. Photographie vom Juli 1965.* 89

Eine Art Krenek-Fest veranstaltete auch das Dartmouth College mit einem Konzert – Dartmouth hatte *Fibonacci Mobile op. 187* bei Krenek in Auftrag gegeben – und Vorträgen.

(Wir) waren übrigens einmal in Palm Springs, einem sehr eleganten Platz am Rand der Wüste, wo die Filmstars ihre Feste feiern in schrecklich teuren Hotels. Die Wüste ist eigentlich mehr eine Steppe, mit Disteln, Kakteen und anderen dornigen Gewächsen. Fabelhaft klare trockene Luft und prächtige Farben (Brief vom 27. Februar 1939 an die Eltern).

90 ADRESSKARTE KRENEKS *in Palm Springs nach einem eigenhändigen Entwurf.*

Universal Edition, Wien

Ende März 1966 erwarb Krenek ein Haus in Palm Springs. Am 1. März hatte er der Mutter von seinen Übersiedlungsplänen berichtet: „Wir haben uns nach langen Überlegungen entschlossen, nach Palm Springs zu übersiedeln – das ist diese schöne Stadt in der Wüste [...] Das Klima ist so viel besser, und wir wollten eigentlich immer dort sein [...] Wir haben dort ein Haus gefunden, das uns sehr zusagt, und werden so gegen Ende April übersiedeln." Als Kreneks sich dort eingerichtet hatten, wurde die Mutter über die Lage des Hauses unterrichtet: „Das ist halt eine ‚erstklassige' Umgebung. Um die Ecke hat der älteste Sohn von Randolph Hearst (Zeitungskönig) ein enormes Haus, und zwei Häuser weiter wohnt der Komponist Fritz Lowe (ich glaube, ein Wiener), der ‚My fair lady' komponiert hat" (Brief vom 31. Mai 1966).

91 ANSICHT VON KRENEKS HAUS *in Palm Springs. Photographie (von C. Maurer Zenck).*

Claudia Maurer Zenck, Berlin

92 KRENEK, *eigenhändiger Brief an Ernst Hartmann (Universal Edition), Honolulu, 10. Juli 1967.*

Universal Edition, Wien

„Hier sind zunächst die besten Grüße aus Honolulu [...] Ich habe hier zwei Kurse an der Sommerschule der Universität von Hawai [...] Ich bin etwas enttäuscht, daß in Ihrem Propaganda-Aussendungen von meinen wenn auch bescheidenen Erfolgen im letzten Halbjahr nicht viel zu sehen war. Das Peabody Institute in Baltimore hat ein eigenes Festkonzert für mich veranstaltet, die „Kantate für Kriegszeit" wurde zweimal aufgeführt, in einem Konzert in Washington gab es die symph. Musik f[ür] 9 Inst[rumente], das State College in Moorhead (Minn.) hat ein Krenek-Festival veranstaltet, hier im Festival of the Arts of this century bin ich in 4 Veranstaltungen vertreten (elektronisch, Kammermusik, Orchesterwerk und Ballett), am 12. August wird ein neues Orchesterwerk [op. 196] von mir beim Meadowbrook Festival in Michigan aufgeführt [...] und mehrere Aufträge liegen vor."

ANSICHTSKARTE VOM TANGLEWOOD PARK, *Lenox (Massachusetts).* 93

In Tanglewood hatte Krenek schon 1959 Vorträge vor Studenten gehalten. 1968 unterrichtete er dort an der Sommerakademie im Rahmen des Berkshire Festivals, das vom Boston Symphony Orchestra geleitet wurde.

ÜBERREICHUNG DER EHRENMITGLIEDSCHAFT *der Musikakademie in Graz an Krenek. Photographie von 1969.* 94

Der ,,Steirische Herbst" veranstaltete 1969 ein Krenek-Festival. Die *Sinfonische Musik für 9 Soloinstrumente,* die *III. Symphonie, Horizon circled,* das *Reisebuch aus den österreichischen Alpen* u.a. standen auf dem Programm.

Es war schön und großartig in Graz (Brief vom 30. November 1969 an Ernst Hartmann).

Ich bin jetzt für 4 Wochen hier an der University of California, San Diego, als Gastprofessor. Es ist ein schönes und interessantes Institut, wo ich Vorträge halte. Es gibt auch Konzerte mit meinen Sachen (Brief vom 23. Jänner 1970 an Ernst Hartmann).

KRENEK UNTERRICHTET *an der University of California in San Diego. Photographie von 1970.* 95

Seit 1967 war Krenek ,,Ehrenprofessor" von San Diegos neuer Universität, wo drei seiner Schüler wirkten. Diesem Institut übergab Krenek später große Teile seiner Schriften und Briefdokumente.

KRENEK IN SEINEM ELEKTRONIK-STUDIO *im Haus in Palm Springs. Photographie von 1970.* 96

Aus den Aufführungsstatistiken der U.E. und aus ähnlichen Listen, die ich regelmäßig [...] bekomme, entnehme ich, daß von solchen Leuten wie Frank Martin und Milhaud (die ich mehr oder weniger als Generationsgenossen betrachte) sehr viel mehr und öfter Sachen gespielt werden als von mir, u. zw. nicht nur in Frankreich, sondern vor allem in deutschen Konzerten und Radios. Wie mir scheint, handelt es sich meist um ,Spielstücke', kleine Konzerte, Suiten und solches. Nun habe ich gerade davon auch eine ganze Menge geschrieben [...] Kann man da nicht etwas machen, um den Absatz etwas zu beleben. Ich habe den Eindruck, daß die meisten Dirigenten, Abteilungsleiter etc. diese Sachen einfach nicht kennen (Brief vom 19. Jänner 1974 an Friedrich Sartor).

KRENEK MIT DEM DIRIGENTEN STEFAN MINDE *in Palm Springs. Photographie von 1975.* 97

Stefan Minde, ein Dirigent deutscher Herkunft, hatte *Leben des Orest* schon 1959 in Wiesbaden gehört und war entschlossen, das Werk in Portland herauszubringen. Die Gelder hiefür beschaffte er aus einem Regierungsfond in Washington. Minde leistete damit wohl den spektakulärsten amerikanischen Beitrag zu Kreneks 75. Geburtstag.

98 KRENEK, *eigenhändiger Brief an Friedrich Sartor (Universal Edition), Palm Springs, 27. November 1975.*

Universal Edition, Wien

„Die Aufführung [*Leben des Orest*] war auf absolut respektabler Höhe und in mancher Hinsicht originell. Resultate, die in Anbetracht der im Vergleich zu europäischen Produktionsverhältnissen bedenklich beschränkten Möglichkeiten nicht unbedingt zu erwarten waren. (Was man hier Generalprobe nennt, ist die erste und zugleich letzte Probe, in der das ganze Stück mit Bühne und Orchester gespielt wird – nicht etwa durchgespielt, sondern hundertmal unterbrochen) [...] Kosten der Produktion: circa $ 125.000. Immerhin 3 Aufführungen in einem (akustisch vorzüglichen) Riesenhaus: 3000 Sitze, 8000 Karten im Vorverkauf abgesetzt. Minde sehr gut, vielleicht etwas rasch zupackend, Orchester überraschend schön im Klang. Hingabe und Begeisterung aller Beteiligten unglaublich und rührend. Auf den Proben kein einziges scharfes Wort. Chor (kein Berufschor!) ausgezeichnet, vollkommen präzis. Einige der Solisten hervorragend, alle durchaus gut [...] Großer Publikumserfolg."

99 VERLEIHUNG DES ÖSTERREICHISCHEN EHRENZEICHENS *für Wissenschaft und Kunst an Krenek durch Minister Fred Sinowatz, Wien 1975. Photographie.*

100 KRENEK, *eigenhändiger Brief an Friedrich Sartor (Universal Edition), Palm Springs, 2. Dezember 1976.*

Universal Edition, Wien

„Die Star-Operation ist vorüber, durchaus gelungen, aber ich muß zwei Monate warten, bis ich eine Kontaktlinse gebrauchen kann [...] Inzwischen brauche ich ein Glas zum Lesen [...] und bis dahin bin ich kläglich reduziert [...] Hier etwas anderes: der hervorragende Bariton, Michael Ingham (der voriges Jahr in Wien war und für dessen Damenchor in Santa Barbara die U.E. Kopien meiner Five Prayers angefertigt hat) studiert jetzt mit ungeheurer Begeisterung meine Gesänge des späten Jahres und Spätlese. Am 8. April wird er die Gesänge in Santa Barbara singen, und sein Chor wird alle meine Werke für Frauenchor (inkl. Five Prayers) aufführen."

101 THE KRENEK-FESTIVAL IN SANTA BARBARA, *8. bis 15. April 1979. Programmbuch.*

Michael Ingham organisierte 1979 das bedeutendste Krenek-Fest: innerhalb einer Woche wurden an die fünfzig Kompositionen, darunter sämtliche Streichquartette, Liederzyklen und die Hauptwerke *Sestina, Dissembler* gespielt. Krenek selbst nahm aktiv daran teil. Das musikalische Programm wurde durch ein international besuchtes Symposium ergänzt.

PRESSEMAPPE, *zusammengestellt von der Universal Edition aus Anlaß des 80. Geburtstages von Krenek.* 102

Kreneks Jubiläum wurde vor allem in Europa mit vielen Aufführungen gewürdigt. Die umfangreiche Dokumentation bestätigt den hohen Bekanntheitsgrad des Komponisten.

KRENEK BEI UNTERREDUNGEN IN SALZBURG. *Photographie von 1980.* 103

Universal Edition, Wien

Von den „Jubiläumskonzerten" hatte die konzertante Aufführung von *Karl V.* in Salzburg für den Komponisten eine besondere Bedeutung.

VERLEIHUNG DER EHRENBÜRGERSCHAFT VON WIEN AN KRENEK *durch den Bürgermeister Leopold Gratz. Photographie vom Juni 1981.* 104

KRENEK. *Photographie.* 105

Claudia Maurer Zenck, Berlin

Ich habe immer einen starken Wunsch gehabt, aus meinem Ich hinauszutreten und kritisch über das zu wachen, was ich tue (aus „Über meine Memoiren", in: „Zur Sprache gebracht").

Persönlichkeiten um Krenek

Daß Schreker keine Richtung kennt, ist der Grund, warum er der einzig brauchbare Lehrer ist (Brief vom 18. Oktober 1920 an den Vater).

106 FRANZ SCHREKER. *Photographie um 1920.*

Bis 1921 war Schreker für Krenek eine wichtige künstlerische Instanz. Eigene künstlerische Bestrebungen führten später zu einer Entfremdung, ohne daß der Kontakt gänzlich unterblieb. 1925 berichtete Krenek seinen Eltern: „Wir vertragen uns jetzt durchaus gut, das Violinkonzert hat ihm sehr gefallen" (Brief vom 22. Jänner 1925).

Wenn man unsere Arbeiten – sagen wir von Rosenstock, Rathaus, Hába und mir vergleicht, so würde kein Mensch darauf kommen, daß wir bei einem Lehrer studiert haben (Brief vom 18. Oktober 1920 an den Vater).

107 ALOIS HÁBA, *eigenhändiger Brief an Emil Hertzka (Universal Edition), Berlin, 20. Dezember 1920.*

Universal Edition, Wien

[...] Man interessiert sich sehr um den Krenek als starke Begabung. Seine Serenade wird im Feber im Anbruch aufgeführt. Seine Sonate (Klavier) studiert der Erdmann. Auch [die] Violinsonate soll aufgeführt werden. Ich mache Sie [...] vertraulich aufmerksam, daß er hier konkrete Verlagsaussichten hat. Wenn Ihnen daran liegt, diese jüngste sehr starke Begabung zu gewinnen und nicht [zu] verlieren, so bitte ich Sie, [...] machen Sie etwas für den Menschen – also mehr als Versprechungen; ich bemühe mich ihm Geduld einzureden, aber jetzt geht es schon nicht, nachdem sich andere mit konkreten Vorschlägen um ihn bemühen. Drucken Sie ihm seine Klaviersonate, erweitern Sie den Kreis der Schreker-Schule zur rechten Zeit!" Hertzka befolgte den Rat. Hába, der in Berlin an der Hochschule mit Vierteltönen experimentierte und damit Aufsehen erregte, ging 1923 nach Prag, wo er später eine wichtige Funktion in der IGfNM innehatte. Mit Krenek blieb er weiterhin in Kontakt.

108 KRENEK, *eigenhändiger Brief (mit Adressenliste) an die Universal Edition, Berlin, 13. März 1923.*

Universal Edition, Wien

Kreneks *Klaviersonate (Es-Dur)* [*op. 2*] war erschienen und sollte auf Wunsch verschiedenen (überwiegend Krenek nahestehenden) Persönlichkeiten überreicht werden. Darunter waren Alma Mahler, Arnold Schönberg, Alban Berg, Eduard Erdmann, Schreker, Georg Schünemann, Ferruccio Busoni, Leo Kestenberg, Artur Schnabel, Paul Bekker, Alexander Zemlinsky, Felix Petyrek und Eduard Steuermann.

KRENEK: *eigenhändiger Brief an die Eltern, Berlin, 4. Dezember 1920.* 109

[...] Gestern hat Prof. Schünemann Rosenstock, Rathaus und mich zu dem Pianisten und Komponisten Eduard Erdmann, einem gebürtigen Balten, geführt, der in Berlin eine große Rolle spielt."

[Eduard Erdmann] war mein einziger wirklicher Freund in meinem eigenen Alter (Brief vom 29. Juni 1958 an die Mutter).

EDUARD ERDMANN. *Photographie.* 110

Erdmann wurde für Krenek der bedeutendste Interpret seiner frühen Klavierwerke. So spielte er die *Klaviersonate op. 2,* das *I. Klavierkonzert op. 18,* die Bearbeitung der *Schubert-Sonate (D 840)* und die ihm gewidmete *Toccata und Chaconne op. 13.*

Erdmann machte mich auch mit Artur Schnabel bekannt, dessen Freundschaft ich seither stets hoch eingeschätzt habe. Durch eine merkwürdige Verkettung von Umständen kannte ich Schnabel mehrere Jahre als Komponisten, bevor ich ihn spielen hörte. Ich fand seine Musik ebenso faszinierend wie seine gedanken- und geistreiche Konversation (aus „Selbstdarstellung").

ARTUR SCHNABEL, *eigenhändiger Brief an Krenek, Charlottenburg, 23. Oktober 1931.* 111

„Unsere Beziehung gehört, das wissen Sie ja, zu meinem Bewusstseins- und Gefühls-schatz. Für die schriftlichen Zeichen unserer Verbundenheit sind freilich beinahe nur Sie die Sendestelle. Mein diesbezüglich etwas belastetes Gewissen hält in mir die Sorge wach, dass Sie eines Tages solcher Einseitigkeit müde werden und zu Mitteilungen fernerhin nur etwa dann geneigt sein könnten, wenn sie im Rahmen eines regelrechten Brief*wechsels* (des üblichen Vergeltungsverfahrens) stattfinden. Hoffentlich werden Sie so einen Übergang zur Kleinzügigkeit niemals auch nur erwägen; er wäre sehr bitter für mich." Schnabel, der Krenek bei seiner Emigration behilflich war und dann in den Staaten immer wieder mit ihm zusammentraf, sind die *Zwei Suiten für Klavier op. 26* gewidmet.

Busoni empfängt täglich von 3–4. Natürlich ist dabei nichts anzufangen, weil er mit jedem nur 2½ Minuten spricht, wie ein Monarch beim Cercle. Aber er war scheinbar sehr erfreut und lud mich ein, öfters zu kommen (Brief vom 29. Mai 1921 an die Eltern).

FERRUCCIO BENVENUTO BUSONI. *Photographie um 1920.* 112

PAUL HINDEMITH. *Photographie.* 113

In den frühen zwanziger Jahren galten Hindemith und Krenek als die Entdekkungen der neuen Musik. Wurden ihre Werke bei ein und demselben Musikfest gespielt – was nicht selten geschah –, so bot sich die Möglichkeit des Vergleiches ihrer künstlerischen Arbeiten an. Daß Krenek, der dem Hindemith-Quartett sein *III. Streichquartett* zur Aufführung übertrug, den fünf Jahre älteren deutschen Komponisten als seinen erfolgreichen Konkurrenten betrachtete, war nicht zu übersehen.

Von den europäischen Musikern der ernsten Richtung ist Hindemith zweifellos der äußerlich erfolgreichste. Seine Popularität verdankt er wahrscheinlich dem Umstand, daß seine Musik am ehesten dem Bedürfnis jener breiten Schichte von Musikern entspricht, die ihre Fortschrittlichkeit damit zu erweisen suchen, daß sie dem von ihnen selbst erzeugten Vorurteil, nach welchem moderne Musik gelehrt und trocken sein müsse, Rechnung zu tragen wissen. Daß sie sich lieber Hindemith als der wirklich komplizierten neuen Musik zuwenden, liegt daran, daß seine gelehrsamen Komplikationen relativ leicht zu überblicken sind, da sie im wesentlichen in fugierten Imitationen bestehen, und daß eine unaufhaltsame rhythmische Persistenz den musikalischen Prozeß am Leben hält, wenn andere lebensspendende Ursachen abwesend sind. In der gewaltigen Masse von Noten, die Hindemith unausgesetzt liefert, ist das letztere leider sehr häufig zu beobachten (aus „Musik im goldenen Westen“).

Greifbarer waren die Resultate meiner Begegnung mit Hermann Scherchen, der damals seine Karriere als ungewöhnlicher Dirigent neuer Musik begann (aus „Selbstdarstellung“).

114 KRENEK, *eigenhändiger Brief an die Eltern, Berlin, 18. März 1922.*

„Die Aufführung gestern [der *I. Symphonie op.7* unter Hermann Scherchen] war ganz ausgezeichnet und ein großer Erfolg, fast ohne Widerspruch. Alle sind jetzt sehr dafür, Schreker war sehr begeistert. Wir waren dann alle zusammen, Schrekers, Erdmanns, Scherchens, und noch viele andere und waren sehr besoffen und vergnügt. Heute setzt sich die Feier bei Erdmann fort [...] Das ist Musik als ‚gesellschaftsbildende Kraft‘.“ (Bei der Uraufführung der Symphonie waren u.a. Schreker, Walter Gropius und Wassily Kandinsky anwesend.)

115 HERMANN SCHERCHEN. *Photographie um 1920.*

Scherchen stand 1922 am Anfang seiner Karriere und htte nur wenig Gelegenheit selbständig zu dirigieren, da es ihm an finanziellen Mitteln fehlte. Sein Berliner Konzert mit Kreneks *I. Symphonie* kam nur zustande, weil es von privater Seite (u.a. vom Mäzen und Sammler Wolffheim) finanziert wurde. Als er 1922 die Leitung der Frankfurter Museumskonzerte übernahm, brachte er dort Kreneks *I. Concerto grosso* heraus. Als Uraufführungen wurden ihm ferner die *Sinfonische Musik op.11*, das *Concertino op.27*, die *Sieben Orchesterstücke op.31* und die *Symphonie für Blasinstrumente und Schlagwerk op.34* übertragen.

116 FRANZ WERFEL MIT ALMA MAHLER. *Photographie.*

Mit Werfel kam Krenek in Kontakt, als sich seine Verbindung mit dem Hause Mahler vertiefte. Werfel arbeitete den Text zu Kreneks Opernerstling *Die Zwingburg* um und lieferte die Textvorlage für die *Lieder op.15.* – Über Alma

Mahler schrieb Krenek am 2. Juni 1922 (aus Berlin) erstmals an die Eltern: „Frau Mahler war hier und wir waren sehr viel zusammen. Es wurde im grossen Stil gelebt, Auto gefahren und Sekt getrunken [. . .] Ich bin bereits auf den Semmering in ihr Haus eingeladen."

ANNA MAHLER, *eigenhändiger Brief an Emil Hertzka (Universal Edition),* 117
Rom [1926?].

Universal Edition, Wien

„Ich lebe hier in Rom ganz der Malerei gewidmet und höre und sehe nichts von Musik – das fehlt mir denn doch sehr, und da ich eigentlich an die Arbeit von Klavierauszügen gewöhnt bin, hätte ich viel Lust, diese Arbeit fortzusetzen [...] Ich habe den Sprung über den Schatten, Orpheus und Euyrdice, die 3. Symphonie, das Klavier- und Violinconcert von Krenek gemacht und würde eine neue Arbeit sicher leichter spielbar machen." Anna Mahler, die Tochter Gustav Mahlers, hatte sich nach knapp zweijähriger Ehe von Krenek im November 1924 getrennt und war zwecks Malereistudien nach Rom gezogen.

Zu Weihnachten 1923 wurde ich von Werner Reinhart, dem großen und edlen Gönner zeitgenössischer Musik eingeladen, eine erhebliche Spanne Zeit in der Schweiz zu verbringen. Ich nahm das großzügige Angebot mit größter Genugtuung an (aus „Selbstdarstellung").

WERNER REINHART, *eigenhändiger Brief an Krenek, [auf der Überfahrt]* 118
im Roten Meer, 1. November 1928.

„Ich bin leider in Indien – von wo ich nun zurückkehre – nicht mehr dazu gekommen, Ihnen für das schöne Gedenkblatt auf Rilke zu danken, das Sie mir sandten. – Diese Erinnerungsworte, die ja auch für mich manches gemeinsam Erlebte bedeuten, haben mich sehr bewegt. Ich denke ja oft genug an jene schönen Wallisertage zurück und es wäre schön, Sierre und was uns dort und in der Gegend alles lieb und teuer geworden ist, wieder einmal gemeinsam zu besuchen."

Ich lernte Rilke durch Freunde in der Schweiz kennen [...] Rilke wußte nicht, wie Musik komponiert wird, aber er war hochmusikalisch. Vertonungen seiner Gedichte schätzte er nicht, er hielt seine Werke für klangerfüllt genug. Obwohl wir sehr gute Gespräche hatten, konnte niemand überraschter sein als ich, als er mir mit einem herzlichen Begleitbrief die kleine Trilogie ‚O lacrimosa' nach Kassel schickte [...] Ich scheute vor der Komposition irgendwie zurück, die ich erst über ein Jahr später vollendete (aus einem Gespräch, Köln, 7. November 1973).

KRENEK: „O LACRYMOSA". *Drei Gesänge für hohen Sopran, zwei Flöten,* 119
zwei Klarinetten, zwei Fagotte und Harfe nach einer Dichtung von Rainer Maria Rilke, op. 48. Eigenhändige Partitur.

Universal Edition, Wien

Die Partitur trägt Kreneks Vermerk: „Die Gedichte sind im Sommer 1925 in Paris entstanden und dem Komponisten vom Dichter mit dem Wunsche nach ihrer Vertonung durch jenen zugeeignet worden."

Strawinsky habe ich Anfang der zwanziger Jahre [1925] kennengelernt, als ich ihn in Nizza besuchte. Damals spielte seine Musik, bedingt durch den von ihm eingeführten neoklassischen Stil, eine gewisse Rolle. Nachdem ich das zum ersten Mal gehört hatte, übte diese Stilart einen nachhaltigen Einfluß bei meiner Rückwendung zur ‚romantischen Linie' auf mich aus. Als ich mich jedoch später der Zwölftonmusik verschrieb, entstand eine Distanz zwischen Strawinsky und mir [...] Erst als sich Strawinsky selbst der Zwölftonmusik zuwandte, sind wir einander wieder nähergekommen: wir verkehrten freundschaftlich zusammen, und ich habe ihn oft in Los Angeles gesehen (aus einem Gespräch, 1980).

120 IGOR STRAWINSKY. *Photographie.*

121 KRENEK: *eigenhändige Skizzen zum Strawinsky-Canon.*

Der Kanon entstand aus Anlaß von Strawinskys 86. Geburtstag. Die Skizze zeigt eine „dodecaphonic crown" mit 86 Tönen, der Text beginnt mit „Igori carissimo amico sapientissimo magistro".

Neulich waren wir zum Abendessen bei Strawinsky. Ich habe ihm auf seinen Wunsch verschiedene Platten von meinen Sachen vorgespielt, was ihn sehr interessiert hat. Es war wirklich ganz besonders nett (Brief vom 22. Oktober 1953 an die Mutter).

122 PAUL BEKKER, *eigenhändiger Brief an Krenek, Wiesbaden, 4. März [1928].*

Die Freundschaft mit Krenek datiert von 1922, als Bekker in seiner weithin geachteten Stellung als Musikkritiker der „Frankfurter Zeitung" Kreneks *I. Symphonie* ausgezeichnet rezensiert hatte. Als Intendant der Staatstheater in Kassel und Wiesbaden setzte er sich dann vehement gegen alle Widerstände für Krenek ein. War es in Kassel *Orpheus und Eurydike,* so brachte er in Wiesbaden die *Drei Einakter* zur Uraufführung, worauf sich der hier gezeigte Brief bezieht. Bekker schrieb: „Für die nächsten Tage erwarte ich die ersten Klavierauszüge der Einakter. Ich werde mich dann sofort mit Rosenstock über die Besetzung beraten und es wäre mir sehr erwünscht, für die Besprechung einen Besetzungsvorschlag von Dir in Händen zu haben. Du kennst ja das hiesige Personal zur Genüge, ich bitte Dich also, mir möglichst umgehend eine Besetzungsskizze nach Deinem Wunsch zu schicken."

123 OTTO KLEMPERER MIT SEINER FRAU *bei der Ankunft in New York. Photographie von 1926.*

124 OTTO KLEMPERER, *eigenhändiger Brief an Krenek, Locarno, 28. August 1926.*

„Zunächst möchte ich Ihnen von der Aufführung Ihres 2. Concerto grosso erzählen, das ich im Februar in Newyork machte. Es fanden 3 Aufführungen statt, 2 in Carnegie Hall und eine in Mekka Hall (einem Saal für 4000 Menschen). Die Aufnahme war zwiespältig, gute und schlechte Presse, Beifall und Teilnahmslosigkeit. Ich persönlich habe das Stück wieder mit Freude dirigiert, wenn ich auch sagen muss, dass es wirklich den Amerikaner[n] noch ziemlich unzugängliche Musik ist. Immerhin, es war das erste Mal, dass Ihr Name auf einem amerikanischen Programm stand." Klemperer zeigte großes Interesse an Kreneks Schaffen – u. a. dirigierte er auch die *Drei Einakter, Leben des Orest* und die *Kleine Sinfonie op. 58* – und meinte 1930 in einem Interview: „Ich sehe als die drei bedeutendsten Exponenten der neuen, deutschen Musik Krenek, Hindemith und Weill an" (Leipzig, 8. Jänner 1930).

Der Maler Walter Spies, den ich durch Erdmann kenne und der mit Kokoschka sehr befreundet ist, wurde von diesem ersucht, ihm jemandem zu suchen, der die Bühnen- oder sonstige Musik zu seinem Drama ‚Orpheus und Eurydike' schreiben würde. Jener schlug mich vor, wovon Kokoschka begeistert sein soll (Brief vom 29. November 1922 an die Eltern).

Oskar Kokoschka [...] ist Maler, und als solcher berühmt und groß geworden, und über alle Zeitrichtungen unabhängig und selbständig, als Maler und bildender Künstler erhaben über tausend andere, die sich mit Fleiß und Bemühen den zahllosen Richtungen und Ismen anschlossen [...] Aber er ist nicht Maler von Beruf, im ausschließlichen Sinn des Handwerks. Er ist ein künstlerischer Mensch mit visueller Hauptbetonung. Sein Beruf ist nicht, mit dem Pinsel Leinwand zu bemalen, sondern die Welt mit dem Auge zu erleben und zu gestalten. Einmal wird es ein Bild, einmal ein Drama und ein anderes Mal gelebtes Leben (aus dem „Orpheus"-Vortrag in Kassel 1926).

KRENEK. *Porträt von Oskar Kokoschka. Reproduktion nach einer Zeichnung von 1931.* 125

Historisches Museum der Stadt Wien

Ich bin Kokoschka stets sehr zugetan geblieben, obwohl ich ihm nie wirklich nahekommen konnte, vermutlich weil das Moment des Irrationalen in seinem geistigen Haushalt eine ganz andere, erheblich größere Rolle spielt als in meinem (aus „Selbstporträt").

DARIUS MILHAUD *bei einer Aufnahme (Filmmusik) in Hollywood. Photographie.* 126

Mit Milhaud befreundete sich Krenek 1928 in Wiesbaden anläßlich der Aufführung von dessen *Opéras-minutes* am dortigen Staatstheater. Krenek hatte große Achtung vor Milhauds künstlerischen Leistungen.

Darius Milhaud, der 1940 nach Amerika kam und eine bescheidene Lehrstelle am Mills College bei San Francisco fand [...] war stets geneigt, neben einigen höchst bedeutsamen und tiefen Werken eine große Reihe von anspruchsvollen, dabei gefälligen, pikanten und lebensvollen Kleinigkeiten zu produzieren, und hat diese Tätigkeit in Amerika fortgesetzt. Dieser liebenswerte, gescheite und bescheidene Mann erfreut sich mit Recht der Zuneigung vieler alter und neuer Freunde (aus „Musik im goldenen Westen").

Es gibt keinen lebenden Musiker, der nicht eine in welcher Art immer erregende Begegnung mit der Erscheinung Schönbergs gehabt und von ihr nicht irgend eine Deklination empfangen hätte. Leugner solcher Tatsachen pflegen sich meist durch die Heftigkeit ihres Leugnens zu verraten (aus „Arnold Schönberg", in: „Wiener Zeitung", 9. September 1934).

127 ARNOLD SCHÖNBERG. *Karikatur von Frueh. Reproduktion.*

Krenek hatte 1925 in seinem Vortrag „Musik in der Gegenwart" Schönberg angegriffen, ohne seinen Namen zu nennen, und Schönberg revanchierte sich mit feindseligen Worten in seiner Vorbemerkung in den *Satiren op. 28:* dies war der wenig erfreuliche Anfang einer Beziehung zwischen Schönberg und Krenek, die erst in der Emigration eine freundschaftliche wurde.

Schönberg war äußerst schwierig; er hatte eben ein gewisses Sendungsbewußtsein. Er hat ja übrigens nie von ‚Zwölftontechnik' gesprochen, sondern nur von der ‚Komposition mit zwölf nur aufeinander bezogenen Tönen', er lehrte sie auch nie. Er glaubte wohl nicht daran, daß andere, vielleicht mit Ausnahme Bergs und Weberns, mit seiner ureigensten Erfindung wirklich Musik machen können. Er fürchtete, sie würden sie halt als Technik mißverstehen und sich mit Reihen-Arithmetik begnügen (aus einem Gespräch, Köln 1973).

Gestern war ich in der Universität. Schönberg hatte mich eingeladen, bei einigen seiner Unterrichtsstunden zuzuhören, was sehr interessant war (Brief vom 4. März 1939 an die Eltern).

128 ARNOLD SCHÖNBERG *beim Unterricht in seinem Haus in Los Angeles. Photographie.*

Seine Schüler zeichnen sich durch eine in Amerika nicht allzu häufige Gründlichkeit und Sachkenntnis aus, und viele von ihnen sind im Lehrfach tätig [...] In der Öffentlichkeit wurde Schönberg stets mit großem Respekt behandelt, wie eine Art Einstein der Musik, der irgend etwas Hochbedeutsames und phantastisch Neues entdeckt hat, das man nicht verstehen kann, aber auch kaum zu verstehen braucht. Demgemäß haben die ausführenden Künstler von seinen Werken nicht allzuviel Gebrauch gemacht (aus „Musik im goldenen Westen").

129 ALBAN BERG UND ANTON WEBERN. *Photographie.*

Schönberg selbst lebte nicht mehr in Wien, aber mehrere seiner Schüler waren da, die bedeutendsten unter ihnen Alban Berg und Anton Webern. Mir lag viel daran, meine Beziehung zu diesem Kreis wieder anzuknüpfen, da ich die letzten Spuren des unglückseligen Konfliktes mit Schönberg beseitigen wollte. Die Haltung dieser vortrefflichen Menschen erfüllte mich mit großem Respekt. Zwar erschienen mir ihre Ideen und Ideale immer noch einigermaßen fremd und dunkel. Doch bewunderte ich sie, wie sie den hohen Ansprüchen, die sie an sich selbst stellten, nachlebten (aus „Selbstdarstellung").

ALBAN BERG, *eigenhändiger Brief an Krenek, Wien, 14. Dezember 1933.* 130

„Vielen Dank für Dein Opernbuch [*Karl V.*]. Kannst Dir vorstellen, *wie* ich gelechzt habe, es kennen zu lernen. Also ich bin begeistert davon! Das ist in jeder Hinsicht (sprachlich, als Theater, als Idee u. als Grundlage für Musik – und damit als Ganzes) etwas, was mir gefällt. *So* gefällt, daß ich es selbst komponieren möchte. Diese kolossale Buntheit in den Komponiermöglichkeiten (von einer *inneren* Einheit zusammengehalten, welch' genialer Einfall!), wär' so ein rechtes Fressen für mich!"

ANTON WEBERN *(beim Kegeln). Photographie.* 131

Ich war bestrebt, jene Vollkommenheit zu erreichen, die ich in Anton Weberns Musik verwirklicht sah. Meiner Meinung nach stellt diese Musik einen der seltenen Fälle in der Geschichte dar, in welchem schöpferische Phantasie und streng formulierte Technik zu vollkommener Deckung gelangt sind, vergleichbar vielleicht nur mit Palestrina oder, in gewissem Sinne, mit der ‚Kunst der Fuge' (aus „Selbstporträt").

ANTON WEBERN, *eigenhändiger Brief an Krenek, Maria Enzersdorf, 6. März 1934.* 132

„Ich danke Ihnen sehr für Ihren so bedeutsamen Beitrag in dem mir gewidmeten Heft der ‚23'. Ihr darin zum Ausdruck gebrachtes ‚Bekenntnis' freut mich ganz außerordentlich. Ihr Bekenntnis zu der Anschauung, daß die Kunst ihre eigenen Gesetze hat und daß, will man in ihr etwas hervorbringen, nur diese und nichts Anderes sonst Geltung haben können. Aber indem wir dies erkennen, fühlen wir auch, je größer die Verwirrung wird, immer schwerer die Verantwortung, die uns auferlegt ist: das uns übergebene Erbe für die Zukunft zu behüten."

Der andere Faktor, der in gleichem Sinne wirkte, war, daß ich in Wien regelmäßig die Vorlesungen von Karl Kraus hören konnte. Es machte keinen Unterschied, ob er seine eigenen angriffslustigen und brillanten Satiren las, oder Theaterstücke von Shakespeare, Nestroy oder Offenbach. Das Wesentliche war die moralische Kraft, die von dem Mann ausstrahlte, der seit über dreißig Jahren das feindselige Schweigen seiner Landsleute ausgehalten hatte (aus „Selbstdarstellung").

Die Beeinflussung durch ihn war so stark, daß sie sogar auf meinen Prosastil abfärbte: das läßt sich leicht an Beispielen von Zitaten aus meinen Büchern nachweisen (aus einem Gespräch, 1980).

KARL KRAUS. *Photographie um 1930.* 133

Um 1930 wurde mir die seltene Auszeichnung zuteil, Karl Kraus persönlich kennen zu lernen und in seinen Kreis aufgenommen zu werden. Es gereichte mir zu großer Genugtuung, daß der Mann, der, ohne es zu wissen, den stärksten Einfluß auf mich ausgeübt hatte, mich bis zu seinem Tode mit seiner Freundschaft beehrte. Ich komponierte einige seiner Gedichte und benutzte zum ersten Male Gruppen von zwölf verschiedenen Tönen als motivische Einheiten (aus „Selbstdarstellung").

134 KRENEK: „DURCH DIE NACHT“, *Liederzyklus für Gesang und Klavier op. 67 aus „Worte in Versen“ von Karl Kraus. Eigenhändige Skizzen.*

Die Komposition war im Jänner 1931 beendet, im April 1931 war die Uraufführung in Dresden.

135 KRENEK, *eigenhändiger Brief an Karl Kraus, Wien, 22. März 1931.*

„Es wird Sie vielleicht freuen zu erfahren, daß es mir gelungen ist, gleich eine zweite Aufführung des Zyklus „Durch die Nacht“ zu veranlassen. Sie soll am 17. April im Leipziger Radiosender stattfinden, also eine Woche nach der Uraufführung in Dresden. Es wird dieselbe Sängerin mitwirken wie dort, doch wird in Leipzig die Fassung für kleines Orchester gespielt, die bei dieser Gelegenheit zum ersten Mal erklingt. Ich werde den darin vorkommenden Klavierpart selbst spielen [...] Für die ‚Perichole‘-Aufführung wünsche ich Ihnen das Mindestmaß von Ärger und das Höchstquantum an Freude, das bei solchen Anlässen zur Verfügung steht.“

136 KRENEK: ANSPRACHE *bei der Trauerfeier für Karl Kraus im Wiener Konzerthaus am 30. November 1936. Saturn-Verlag, Wien (1936).*

Ja, jetzt haben sie Karl Kraus entdeckt! Wer hat vor 10 Jahren Nachrufe geschrieben und Vorträge gehalten? Sie können sich alle miteinander schämen (Brief vom 2. August 1946 an die Mutter).

137 OTHMAR SCHOECK. *Photographie.*

Mit dem Schweizer Komponisten Schoeck verband Krenek schon seit der Mitte der zwanziger Jahre eine Freundschaft. Schoeck war bemüht, Krenek in St. Gallen im Rahmen der von ihm geleiteten Symphoniekonzerte ein Podium zu schaffen, und Krenek führte ihn bei der Universal Edition ein. Auf Kreneks Anregung wurde Schoecks Oper *Massimila Doni,* die dann 1937 in Dresden einen großen Erfolg erzielte, in Verlag genommen.

Ich wohne hier [Zürich] bei einem Herrn Gubler, Sekretär des Schweizer Werkbundes, ein Freund von Kokoschka, durch den ich ihn auch kennengelernt habe und ich freue mich sehr, wieder hier zu sein und mit den Menschen zusammenzukommen. Meistens sind es Maler, Architekten u. dgl., mit Schoeck bin ich ziemlich viel beisammen (Brief vom 2. Dezember 1927 an die Eltern).

138 FRIEDRICH GUBLER, *maschinenschriftlicher Brief an Krenek, Frankfurt, 10. April 1930.*

[...] Ich hatte, ohne Sie zu fragen, angekündigt, daß Sie bei uns über Opernregie einen Aufsatz schreiben. Ich denke mir, und gleite damit über meine Frechheit weg, daß Sie das Thema doch interessiert. Ich habe mir noch allerlei ausgedacht, was Ihre Mitarbeit anbetrifft.“ Gubler war seit 1930 Redakteur der „Frankfurter Zeitung“, und Krenek wurde auf sein Betreiben zur publizistischen Mitarbeit (bis 1932) aufgefordert.

THEODOR WIESENGRUND-ADORNO: *„Ernst Krenek“. Typoskript mit eigenhändigen Ergänzungen (mit Widmung vom 6. November 1935 an Krenek).* 139

Jedenfalls hätte ich mir nicht träumen lassen, daß der etwas überartikulierte Jüngling, der bei den Proben zu meiner Oper ‚Der Sprung über den Schatten‘ in Frankfurt meine Aufmerksamkeit auf sich lenken zu wollen schien, für viele entscheidende Jahre meines Lebens ein mahnender, herausfordernder Begleiter werden sollte. Beinahe gleichaltrig, hatte er nicht die Autorität, mich so zu beeinflussen wie etwa Karl Kraus oder – in gewissen Bereichen des Metiers – Arnold Schönberg [...] *Aber unter der Ausstrahlung von Adornos kritischem Temperament mußte ich Gesichtspunkte, die ich mir zurechtgelegt hatte und für gesichert hielt, immer wieder in Frage stellen und neu durchdenken. Sein Scharfsinn und die Originalität seiner Formulierung haben mir stets imponiert (aus dem Vorwort zum Briefwechsel Adorno/Krenek).*

RUDOLF KOLISCH. *Photographie.* 140

Kolisch, ein Schüler Schönbergs, wurde mit seinem 1921 gegründeten Quartett zum bedeutendsten Interpreten der Streichquartette der Wiener Schule. Krenek trat Ende der zwanziger Jahre mit dem Quartett in Verbindung, und die künstlerischen Beziehungen setzten sich in der Emigration fort (Kolisch unterrichtete dann in Madison an der University of Wisconsin).

QUARTETTZYKLUS IN AMSTERDAM, *4. Abend mit dem Kolisch-Quartett am 8. Februar 1933. Programm mit Grußworten von Kolisch an Krenek.* 141

Das Quartett spielte mit „wirklich großem Erfolg“ den 2. Satz aus dem *V. Streichquartett* von Krenek. Das Interesse Kolischs an diesem wie auch am *VI. Streichquartett* ging soweit, daß er die Herstellung der Partitur (durch die Universal Edition) überprüfte.

LOUIS KRASNER, *eigenhändiger Brief an Krenek, Boston, 27. Oktober 1937.* 142

„Ich habe mit Mr. Georges Laurent, Direktor des Flute Club in Boston gesprochen. Die haben Konzerte, die schön sind und von ausgezeichneter Qualität. Er wird sich sehr interessieren, etwas von Ihnen zu machen. Auch Mr. Nicolas Slonimsky will etwas machen, wenn Sie da sind. – Er gibt lectures an der Public Library hier und denkt, er macht einen Empfang dort – vielleicht sprechen Sie in der Library.“ Der Geiger Krasner, dem Berg sein *Violinkonzert* gewidmet hatte, bemühte sich um Krenek nach dessen Einreise in Amerika und spielte mit ihm in Konzerten und im Rundfunk.

143 PAUL SACHER, *maschinschriftlicher Brief an Krenek, Basel, 2. Dezember 1931.*

„Ich selber habe es immer bedauert, daß Ihr Name so selten auf den Programmen des B[asler] K[ammer] O[rchesters] vorgekommen ist. Das hat zur Hauptsache seinen Grund in den Besetzungsschwierigkeiten. Mein Orchester ist ein reines Streichorchester [...] Die einfache Orchesterbesetzung der ‚Nachtigall' [op. 68] hat mich sofort veranlaßt, das Werk aufzuführen. Ich glaube, daß ich die meisten Ihrer Partituren durchgesehen habe, leider habe ich nichts für Streichorchester allein gefunden." Krenek schrieb dann 1939 ein *Sinfonisches Stück für Streichorchester* und 1972 *Statisch und ekstatisch op. 215* für den Schweizer Mäzen Paul Sacher, der sich stets als großzügig erwies: schließlich war es auch Sacher, der Krenek 1950 die erste Europareise finanzierte. (Die Mutter Kreneks hatte während der Kriegsjahre laufend Zuwendungen von Frau Sacher erhalten.)

144 KRENEK: *eigenhändige Skizzen zum Kanon für Paul Sacher, datiert 13. Juni 1975.*

Der Text des Kanons lautet: „Dem guten Sacher sei Preis und Dank".

[Mitropoulos] ist ein großer Freund und tut sehr viel für neue Musik. Vor drei Jahren hat er meine 2. Symphonie gespielt (Brief vom 19. März 1946 an die Mutter).

Mitropoulos hat mir auch einen neuen Auftrag gebracht, ein Konzert für 2 Klaviere (Brief vom 22. Jänner 1951 an die Mutter).

145 DIMITRI MITROPOULOS. *Photographie.*

Seit 1937 war Mitropoulos Dirigent des Philharmonischen Orchesters in Minneapolis (und ab 1949 in New York). In dieser Position setzte er sich sehr für zeitgenössische Musik ein und bemühte sich auch um Krenek. Dessen *Sinfonische Elegie* (dem Andenken Weberns gewidmet) schätzte er besonders und brachte sie auch immer wieder in Konzerten in den USA (und auf Europatourneen) zur Aufführung.

Ein relativ langsamer und gewissenhafter Arbeiter, hat Sessions sich unstreitig zum bedeutendsten Komponisten des gegenwärtigen Amerika entwickelt (aus „Musik im goldenen Westen").

146 ROGER SESSIONS. *Photographie.*

Mit Sessions stand Krenek vor allem in seinen ersten Exiljahren in den USA in Verbindung. Anfang der fünfziger Jahre wünschte Sessions, daß Krenek ihn auf ein Jahr an der University of California in Berkeley vertrete, dazu ist es jedoch nicht gekommen.

KARLHEINZ STOCKHAUSEN *im Studio in Köln. Photographie.* 147

Universal Edition, Wien

Mit Stockhausen traf Krenek in Darmstadt zusammen. Er interessierte sich für dessen vom Publikum heftig diskutierte Musik und befaßte sich auch analytisch damit. Stockhausen zeigte sich Krenek gegenüber eher mißtrauisch. Ein bezeichnendes Dokument von seiner Hand über Krenek stammt aus dem Jahre 1963 (es wurde für das Krenek-Fest in North Carolina geschrieben, bei dem der Komponist nicht anwesend war). Stockhausen schrieb: „Im vorigen Jahr erhielt ich als Geburtstagsgeschenk einen Bumerang, und auf einer großen Wiese in Alpbach in Österreich probierte ich ihn wohl 2 Stunden lang, bis ich ganz hinter Atem war. Weder methodisches Denken noch intuitive Handhabung brachten dieses verflixte Ding an die Stelle zurück, an der ich jeweils stand. Nach einem relativ guten Wurf hörte ich plötzlich Applaus vom Weg, der an der Wiese entlang führte. Ich sah mich um und erblickte Ernst Krenek mit Frau, die mir ihr ‚Bravo' schenkten. Wir winkten uns zu. Sie spazierten weiter [...] Am Abend wurde eine Ballettmusik von Krenek uraufgeführt, er dirigierte selbst. Ich applaudierte. Vielleicht hatte er sich auch vorgenommen, daß sein Stück genau an die Stelle zurück käme, wo er stand? Abends erzählte er mir, daß er an einem neuen Stück arbeite. Mein Wurf – sein Wurf: wir waren beide wohl nicht mit uns zufrieden und werfen immer weiter, als hielte uns das Werfen, Korrigieren, Wiederholen, Besserwerden, Enttäuschtsein, Nichtaufgeben nur jung."

[Boulez] war dort in Darmstadt. Ich halte sehr viel von ihm (Brief vom 1. Februar 1957 an die Mutter).

KRENEK MIT PIERRE BOULEZ *in Darmstadt 1956. Photographie.* 148

Die ‚Polyphonie X' von Boulez hat mir 1951 [...] großen Eindruck gemacht. Ich dachte, das ist wirklich Neue Musik, das war noch nicht da, als ich 1938 nach Amerika ging. Das ist ein ganz neuer Ton. Ich fand das großartig (aus „Der verletzliche Komponist". Ein Gespräch, 1980).

Den Varèse hab ich noch in der alten Zeit in Berlin gekannt, dann auch wieder hier [in Los Angeles] getroffen, als er bei Freunden gekocht hat (er ist ein großartiger Koch!). Jetzt lebt er in New York. Ich finde viele seiner Sachen sehr interessant, wenn auch etwas lärmend (Brief vom 4. März 1962 an die Mutter).

EDGAR VARÈSE. *Photographie.* 149

KRENEK MIT ROLF LIEBERMANN *in Hamburg 1964. Photographie.* 150

Von Liebermann, selbst Komponist und seit 1959 Intendant der Hamburger Oper, enthielt Krenek den Auftrag für zwei Bühnenwerke: 1964 kam *Der goldene Bock* und 1970 *Wenn Sardakai auf Reisen geht* in Hamburg zur Uraufführung.

151 KRENEK IM GESPRÄCH *mit dem Philosophen Herbert Marcuse in der Mandeville Suite der University of California in San Diego. Photographie.*

152 DIE VERLEGER ERNST HARTMANN, ALFRED SCHLEE UND STEFAN HARPNER *(Universal Edition) in Wien. Photographie von 1969.*

Universal Edition, Wien

Wir haben ja wohl oft etwas an [Ernst Hartmann] auszusetzen gehabt, aber man muß zugeben, daß er sich für meine Opern, speziell Karl V., sehr bemüht hat (Brief vom 7. April 1970 an die Mutter).

153 KRENEK MIT GLADYS UND SEINEM BIOGRAPHEN JOHN STEWART *vor dem Lobero Theater in Santa Barbara. Photographie von 1979 (von C. Maurer Zenck).*

Claudia Maurer Zenck, Berlin

Man lebt ja in der Gesellschaft und im Zusammenhang mit anderen Menschen, und man macht sich Gedanken darüber, wie die Musik bei Ihnen ankommt. Sie sind natürlich meist ratlos am Anfang [...] Tatsache ist, daß die Musik in diesem Jahrhundert einen Weg genommen hat, der sie wegführt von der Mentalität des sogenannten großen Publikums (aus einem Gespräch, Salzburg 1980).

Bildteil

Abbildungsverzeichnis

1

2

Nehrdich
Cassel
Kassel, 27. November 1926.
Ernst Krenek
Oskar Kokoschka

3

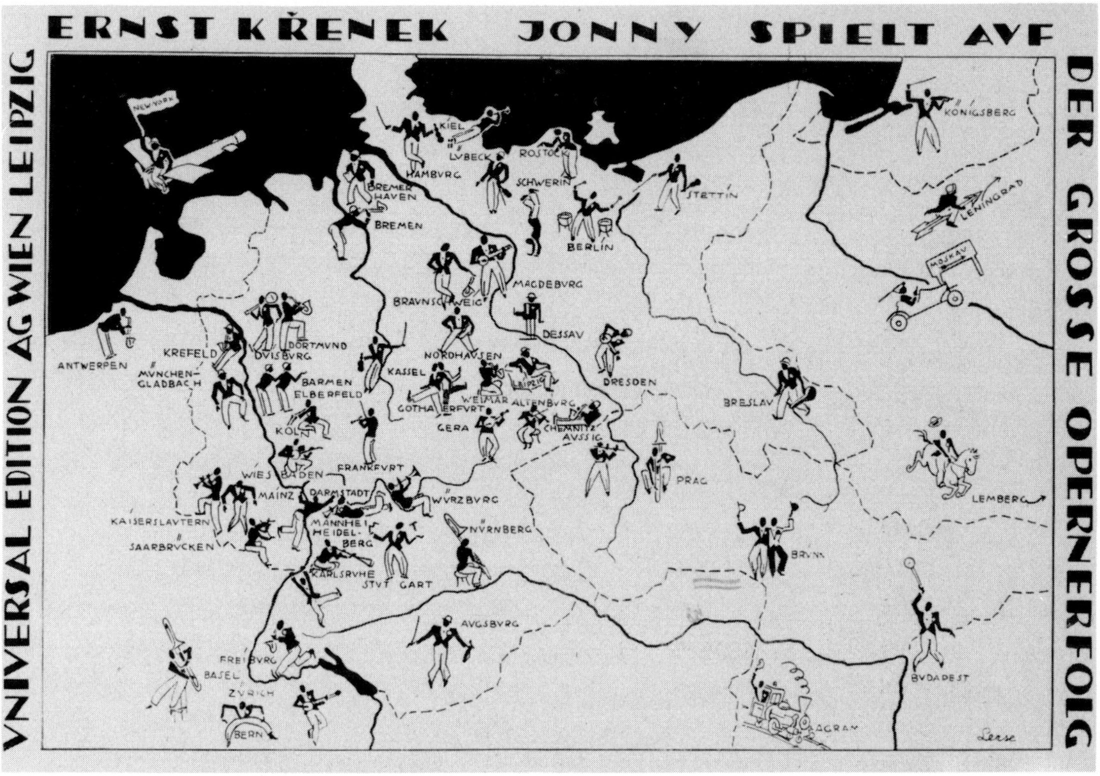
ERNST KŘENEK JONNY SPIELT AVF
DER GROSSE OPERNERFOLG
VNIVERSAL EDITION AG WIEN LEIPZIG
NEW YORK
KÖNIGSBERG
KIEL
LVBECK
ROSTOCK
HAMBVRG
BREMERHAVEN
BREMEN
SCHWERIN
STETTIN
LENINGRAD
BERLIN
MOSKAV
MAGDEBVRG
BRAVNSCHWEIG
DESSAV
ANTWERPEN
KREFELD
DVISBVRG
DORTMVND
MVNCHEN-GLADBACH
BARMEN
ELBERFELD
NORDHAVSEN
KASSEL
LEIPZIG
DRESDEN
BRESLAV
GOTHA
ERFVRT
WEIMAR
ALTENBVRG
CHEMNITZ
AVSSIG
GERA
KÖLN
WIESBADEN
FRANKFVRT
PRAG
MAINZ
DARMSTADT
WVRZBVRG
LEMBERG
KAISERSLAVTERN
MANNHEIM
HEIDELBERG
NVRNBERG
SAARBRVCKEN
BRVNN
KARLSRVHE
STVTTGART
AVGSBVRG
FREIBVRG
BASEL
ZVRICH
BERN
BVDAPEST
AGRAM
Lerse

4

5

The Jolly Jonny Band of Vienna

166
colla voce
a tempo (vivo)
Francesco
Tempo precedente (Moderato)

PIZZIGHETTONE MDXXV

Lieber Papa und Mama,
eine österreichische Zeitung, die in New York herauskommt, hat verlaut-
bart, daß es möglichst Nachrichten nach Österreich zu schicken durch Ver-
mittlung des Free Austrian Movement, 14-15 Craven House, Kingsway, London, W.C.2.
Ich versuche das mit diesem Brief. Ob die Antwort auf demselben Weg
geschickt werden kann, ist nicht ganz klar ausgedrückt. Ich vermute, daß
das geht. Vielleicht kann man dort etwas erfahren.
Die letzte direkte Nachricht von Euch erreichte uns kurz bevor Amerika
in den Krieg eintrat. Ein Brief von mir, den ich kurz vor dem 7. Dezember
1941 abschickte, kam zurück, weil der Postverkehr schon unterbrochen
war. Seither haben wir nur selten und indirekt etwas gehört, durch
Sacher, der uns die Nachricht von Mama Haas' Ableben sandte, und
durch Walter, der nach der Kapitulation der Nazis aus der Schweiz
schrieb, daß er von Euch zuletzt im Januar d.J. ~~gehört~~ gehört hatte. Vor ein paar
Wochen hat Willi Reich aus Basel geschrieben, daß der gewisse Herr Röder
(Schwiegersohn von Frau Kann) nach Wien gefahren ist und daß er ihn
gebeten hat Euch aufzusuchen. Bisher haben wir nichts weiter von ihm
gehört.
Wir haben natürlich immer an Euch gedacht, besonders in der Zeit
als der Krieg sich Wien näherte. Hier ist es sehr schwer sich vorzustellen,
was vorgegangen ist und was Ihr durchgemacht habt und jetzt durch-
machen müßt. Die Zeitungsberichte sind spärlich und widerspruchsvoll,
je nach der Einstellung der verschiedenen Korrespondenten gegenüber
Rußland. Erinnert Ihr Euch an einen gewissen Hugo Kasper, der mit
mir in die Volksschule gegan[gen ist]? Seine Schwester, die hier lebt
(verheiratet mit einem Unive[rsitätspro]fessor aus Wien), hatte kürzlich
Nachricht von ihrer Mutter, die [immer] noch in dem Haus bei der Wein-
hauser Kirche lebt, daß dieser Stadtteil nicht sehr gelitten hat. Das war
beruhigend zu hören, und wir hoffen, daß es wahr ist. Aber wir haben
auch daran gedacht, daß Ihr vielleicht nach Innsbruck gegangen
seid, als der Krieg näher kam, und dann ist wieder alles anders.
Nun in Kürze, was mit uns los war: Ich war von 1939 bis 1942 Professor
am Vassar College, wie Ihr wißt. Mit der Zeit haben sich dort Schwierig-
keiten ergeben, da mein Chef ein verzopfter, pedantischer Mensch war,
der Angst vor moderner Musik hatte und auf meinen Erfolg bei den
Studenten neidisch wurde. So habe ich im Herbst 1942 eine Stellung
als Chef des Music Departments an Hamline University in St. Paul,
Minnesota, angenommen. Das ist ein mittelgroßes (700 Studenten)
College, lose zusammenhängend mit der methodistischen Kirche,
etwas provinziell im Gesamtcharakter, aber sehr regsam und speziell
interessiert in den Künsten. Im Jahr 1943 hat man die Departments
für Musik, Drama und bildende Kunst in einer School of Fine Arts
zusammengefaßt und mich zum Dean (Dekan) dieser Schule gemacht.
1944 haben sie mir ein Ehrendoktorat gegeben. Ich habe sehr viel
zu tun, und die Stellung ist vergleichsweise nicht sehr hoch bezahlt,
aber ich habe ein großes Maß von Unabhängigkeit, da ich mein eigener
Chef bin. Ich habe zahlreiche gute Studenten und interessante Arbeit.

9

10

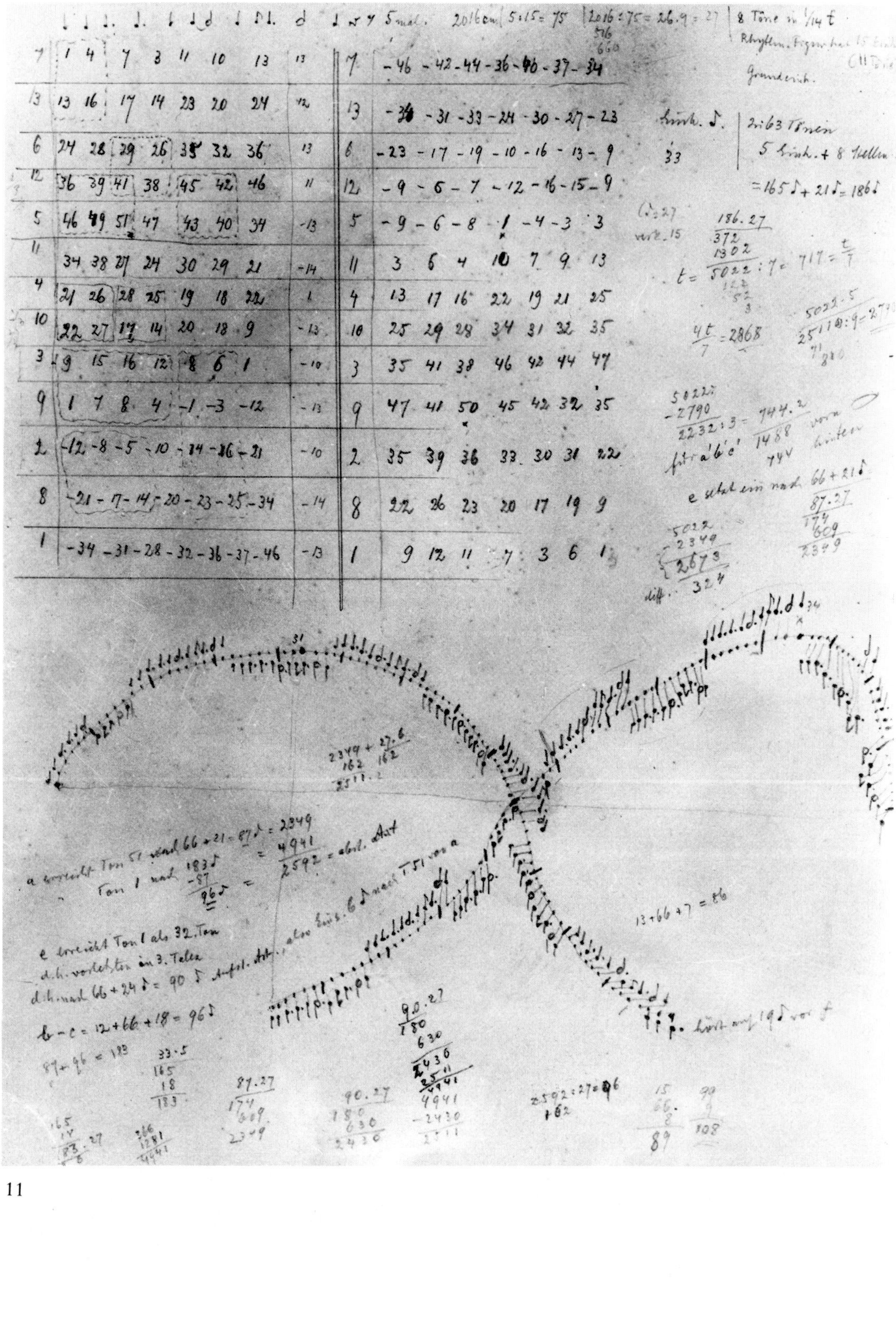

12

13

14

15

16

17

18

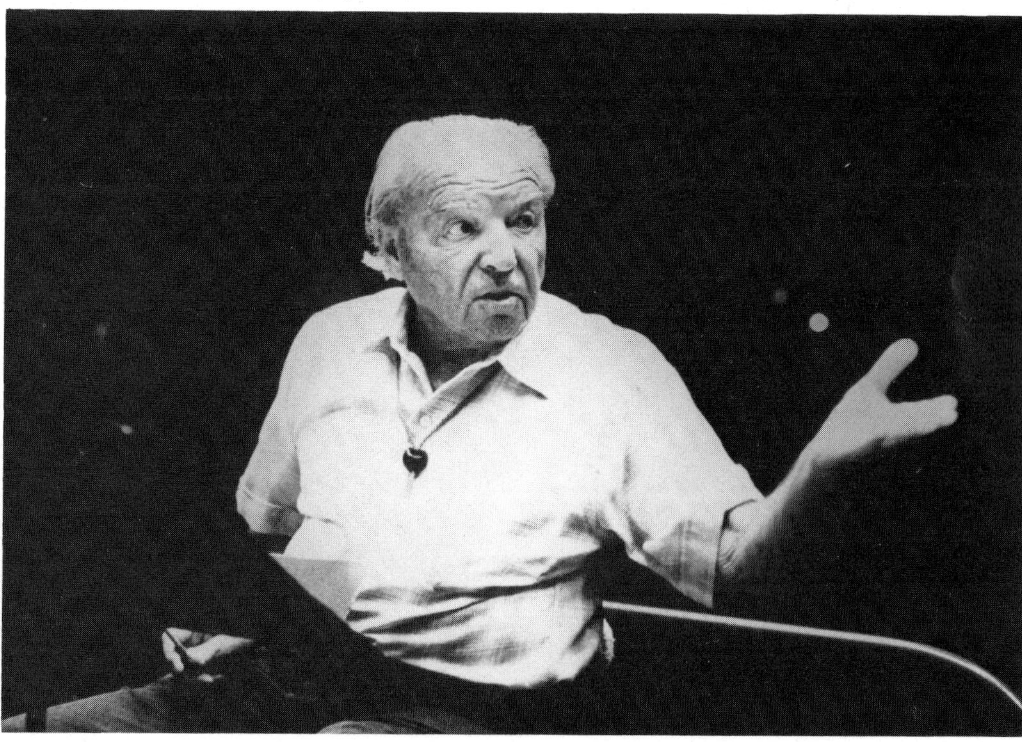

19

20

Das Musikalische Werk

Der Typus des von seinem Fach besessenen und nur für sein Handwerk interessierten Musikers ist mir sehr fremd und macht auf mich stets einen etwas inferioren Eindruck (K-A).

KRENEK: WALZER FÜR KLAVIER OP. 2. *Eigene Handschrift, datiert Mai* 154
1911.

Im elften Lebensjahr begann Krenek mit Kompositionsversuchen, die von seinen Eltern genauestens registriert wurden. So fertigte die Mutter von diesen frühen Arbeiten Reinschriften an, später beteiligte sich der Vater an den Korrekturarbeiten.

Meine musikalische Ausbildung begann im 7. Lebensjahre. Trotz zahlreicher kompositorischer Versuche entschied ich mich erst, nachdem ich auf Betreiben meines Klavierlehrers 1916 zu Franz Schreker an die Wiener Akademie gekommen war, im Jahre 1918 definitiv für die musikalische Laufbahn (Brief vom 29. Juni 1923 an die U. E.).

KRENEK: „EINSAME ROSE". *Lied für Bariton und Klavier. Eigene Hand-* 155
schrift, datiert Juli 1913.

Die Komposition ist Kreneks „Hochverehrten Lehrer Herrn Josef Müller gewidmet".

KRENEK: MISSA SYMPHONICA PRIMA *(nach der hohen Messe in h-Moll* 156
von J. S. Bach). Eigene Handschrift.

Die Beschäftigung mit dieser Komposition läßt Kreneks erstaunliche Literaturkenntnis im Alter von 13 Jahren – das unvollendete Werk stammt von 1913 – erahnen. Zuvor hatte er noch eine Opernkomposition über einen ägyptischen Stoff entworfen, wenig später folgten weitere geistliche Werke.

Der Kompositionsunterricht, den mir Franz Schreker [...] *gab, entsprach durchaus einem offenbar naturgegebenen Bedürfnis nach rascher und umfangreicher Produktion* [...] *Aber wie gründlich und auf präzise Detailarbeit bedacht er auch im strengen Kontrapunkt war, so beiläufig und nonchalant wurde seine Kritik in den fortgeschrittenen Stadien der sogenannten freien Komposition* [...] *Wenn ihm eine dreiteilige Liedform* [...] *nicht ge-*

fiel, so hatte der Schüler einfach eine neue zu schreiben, und noch eine, und noch eine. Ob diese pädagogische Methode sehr gut war, weiß ich nicht, aber man lernte jedenfalls Musik schreiben, so wie man schließlich auch Tennis spielen lernt, wenn man viel Tennis spielt (aus ,,Selbstporträt").

157 KRENEK: ,,DAS LIEBLICHE VERGISSMEINNICHT". *Lied für Singstimme und Klavier. Eigene Handschrift, Reinschrift vom April 1920.*

Nach Kreneks eigener Angabe stammt das Lied von 1917. Er reichte die Komposition erfolglos für den Zusner-Liederpreis ein. 1917 wandte sich Krenek unter der Aufsicht Schrekers besonders dem Kontrapunkt zu.

158 KRENEK: DOPPELFUGE *(C-Dur)* [*op. 1a*] *für Klavier. Eigene Handschrift, datiert August/September 1917.*

Das Werk ist Kreneks Mitschüler Felix Petyrek gewidmet. Krenek selbst hielt die Komposition für wert genug, in den offiziellen Werkkatalog aufgenommen zu werden.

Nachdem wir den modalen Kontrapunkt gemeistert hatten, dienten besonders Bach und Reger als Vorbilder. So kam es, daß die Musik, die ich und die anderen Studenten während unserer Schuljahre in Wien schrieben, im wesentlichen der spätromantischen deutschen Polyphonie nachgebildet war (aus ,,Selbstdarstellung").

159 KRENEK: MOTETTE *für vierstimmigen gemischten Chor a capella. Eigene Handschrift.*

Das Werk wurde auf Veranlassung von Schreker, der selbst im Manuskript (z. B. in der Fuge) korrigierte, mehrmals umgearbeitet. Entstanden ist die Komposition 1918.

Es ist klar, daß bei dieser Art des Unterrichts, in dem die Schule nicht durch künstliche Barrieren von der Außenwelt abgeschlossen war, sich deren Einflüsse in hohem Maße geltend machen konnten. Ich erreichte diesen Punkt etwa in den Jahren 1920–1922, zur Zeit der Hochblüte des sogenannten musikalischen Expressionismus, zu einer Zeit, da alles ,radikal' sein oder werden sollte (aus ,,Selbstbiographie" 1927).

Während der frühen zwanziger Jahre schrieb ich unheimliche Mengen von Musik. Das erste wichtige Stück, das meine neue Orientierung anzeigte, war mein Erstes Streichquartett, in welchem ich einigermaßen von Bartók beeinflußt war (aus ,,Selbstdarstellung").

160 KRENEK: I. STREICHQUARTETT *op. 6. Eigenhändige Partitur.*

Universal Edition, Wien

Das 1921 komponierte Werk wurde bald nach Fertigstellung ohne Wissen Schrekers zur Aufführung am Deutschen Tonkünstlerfest in Nürnberg angenommen.

Diese Lebendigkeit [von op. 6] war hauptsächlich erzielt durch rücksichtslosen Einsatz vehementer rhythmischer Gestalten und durch ausgiebigen Gebrauch der Ostinato-Technik (aus „Selbstdarstellung").

KRENEK, *eigenhändiger Brief an die Eltern, Nürnberg, 16. Juni 1921.* 161

Die Aufführung des *I. Streichquartettes* (durch das Nürnberger Streichquartett) geriet zum Skandal. „Heute vormittag fand die berühmte Aufführung statt, nachdem wir noch vorher einmal geprobt hatten. Die Aufführung war ganz fabelhaft, das Publikum wurde heftig beunruhigt, für Nürnberg scheine ich ziemlich unmöglich geworden zu sein. Mehrere alte Herren (auch Vorstandsmitglieder) entfernten sich während des Stückes, das ohne Pause vor sich geht, demonstrativ, auch sonst machte sich immer stärkere Unruhe bemerkbar und zum Schluß gab es großen Krawall für und wider. Ich glaube, daß manchem Nürnberger der Appetit zum Mittagessen beeinträchtigt wurde. Ich hörte Ausdrücke wie ‚a so a Saustall' u. dgl. Aber auch die älteren Vereinsmitglieder regten sich sehr auf. Schünemann und vor allem Kestenberg waren begeistert. Wo man heute nachmittag hin hört, wird von der Sache geredet und heftig debattiert [...] Ich bin schon sehr neugierig, was die Schriftgelehrten sagen werden. Jedenfalls war das Stück bisher so ziemlich die Sensation des Musikfestes."

Kaum zwei Jahre nach der Klaviersonate [op. 2] entstand das Lied ‚Im Spiegel'. Gerd Hans Goering, der das Gedicht schrieb, war ein junger Mann aus Leipzig, der [...] in Wien lebte und mit mir dieselbe Gymnasialklasse besucht hatte [...] An dem ‚Spiegel'-Gedicht fesselte mich die von der Idee des reflektierenden Spiegelbildes inspirierte Strenge der Form. Von den wohligen Pedalwolken und den romantisch-elegischen Akkordwälzungen der Sonate ist nichts geblieben. Ein spindeldürres Skelett von harten Tonlinien, imitatorisch geführt in Umkehrung und Vergrößerung, schleicht durch eine kahle Landschaft jäher Dissonanzen und dynamischer Kontraste. Es hat fünfzehn und mehr Jahre gedauert, bis ich diesen intuitiv vorgeahnten Stil aufgrund tiefgreifender Erlebnisse in der Zwölftonmusik wiederentdeckte (aus „Selbstporträt").

KRENEK: „IM SPIEGEL" *(Gedicht von Gerd Hans Goering), für Singstimme und Klavier. (Notenbeilage zu „Musikblätter des Anbruch", Oktober 1921.)* 162

Von Goering stammen die Texte zu den *Liedern op. 9* von 1921 und *op. 30* von 1924.

KRENEK, *eigenhändiger Brief an die Eltern, Berlin, 8. April 1922.* 163

„Havemann hat mein [II.] Quartett geprobt: ich war zweimal dabei, es ging ganz leidlich. Es war insofern sehr gut, daß ich hier bin, als er mit seinen Leuten Schwierigkeiten hatte und wegen der Opposition beinahe daran war, es abzusetzen und vorläufig auf die nächste Saison zu verschieben. Durch einige Telephongespräche, die ich mit ihm hatte, ließ sich die Sache aber wieder ins Geleise bringen. Ich bin auf Aufführung und Erfolg sehr gespannt, es ist viel kritischer als bei der [I.] Symphonie, bisher jedenfalls das Gewagteste, was ich zur Aufführung bringe, und das ist in Berlin ziemlich gefährlich." Das *II. Streichquartett* kam am 24. April 1922 zur Aufführung. Der „Erfolg war geteilt, nach beiden Richtungen stürmisch. Auch Hausschlüssel traten in Tätigkeit" (Brief vom 24. April 1922 an die Eltern).

164 KRENEK, *eigenhändiger Brief an Emil Hertzka (Universal Edition), Langballigau (Schleswig), 29. Juni 1923.*

Universal Edition, Wien

Krenek sandte dem Verlag ein Werkverzeichnis, in dem er vermerkte, welche Werke in der Lehrzeit bei Schreker entstanden waren. Mit der Komposition der *Sinfonischen Musik für 9 Soloinstrumente op. 11* von 1922 beendete er seine Lehrzeit.

In der ‚Sinfonischen Musik für neun Soloinstrumente' [op. 11] läßt sich [...] der Einfluß von Schönbergs Kammersinfonie entdecken. Die Tonsprache steht der Schönbergschen nahe und gehört jenem Zwischenbereich an, den man [...] als nicht mehr ganz tonal, sehr erweitert tonal, schon fast atonal oder auch schlicht atonal bezeichnen kann. Stilistisch ist das Werk vielleicht eher Bartók benachbart, wofür die hartnäckige Verwendung rhythmischer Muster und die Vorliebe für weit gedehnte ostinati spricht, wie sie auch für den damaligen Hindemith vielfach charakteristisch sind (aus „Selbstporträt").

Das bedeutendste Werk dieser Periode ist zweifellos die Zweite Symphonie [op. 12], das längste und anspruchvollste Orchesterwerk, das ich je geschrieben habe. Seine erste Aufführung am Allgemeinen Deutschen Tonkünstlerfest in Kassel 1923 wurde mit Gefühlen aufgenommen, die von Enthusiasmus zu schierem Schrecken reichten. Ich erinnere mich lebhaft, daß die letzte Steigerung in dem abschließenden Adagiosatz den Eindruck hervorrief, daß, wenn diese Anhäufung von Klangmassen nur noch ein wenig länger fortginge, der Saal einstürzen oder sonst eine Katastrophe von unabsehbaren Ausmaßen eintreten würde (aus „Selbstdarstellung").

165 KRENEK: II. SYMPHONIE *op. 12. Eigenhändige Partitur.*

Universal Edition, Wien

Das Werk entstand im Mai/Juni 1922, erschien aber erst 1924 im Druck.

Diese Sinfonie ist zugleich mein erster und letzter Versuch, für das ganz große Orchester der Mahler-Strauss-Tradition zu schreiben. Vieles in ihren trotzig auflehnenden oder herzbrechend melancholischen Klängen mag als Abschiedsbotschaft an eine Welt angesehen werden, der weiterhin anzugehören mir als unmöglich erschien (aus „Selbstporträt").

Durch [Eduard] Erdmann wurde ich in Franz Schuberts Werk eingeführt, von dem ich bis dahin nicht eben viel gehalten hatte (aus „Selbstdarstellung").

166 FRANZ SCHUBERT: *Unvollendete Sonate C-Dur [D 840], für Piano solo, ergänzt von Krenek. Universal Edition, Wien 1923.*

Über die Anregung zu dieser Arbeit berichtete Krenek am 2. Jänner 1922 an die Eltern: „Als ich hörte, daß [Erdmann die Sonate] spielen wollte, kam die Rede auf die 2 unvollendeten Sätze, um die [es] sehr schade ist. Halb im Scherz machte E[rdmann] den Vorschlag, ich sollte sie fertig machen. Er ist ganz entzückt davon." Erdmann führte diese Sonate auf seinen Konzertreisen im Repertoire. Krenek meinte von dieser „Bearbeitung": „Sie kann insofern als meine Arbeit gelten, als ihr Hauptvorzug darin bestehen muß, daß man möglichst wenig von mir merkt" (Brief vom 10. Jänner 1922 an die Eltern).

Damals begann meine große und dauerhafte Liebe zu Franz Schubert, was nur scheinbar im Widerspruch zu meinen Entdeckungsfahrten ins Atonale steht (aus „Selbstporträt").

1923 fand ich mich auf einem anderen Ausflug ins Absurde [...] Leo Kestenberg, der [...] durch seine frühere Position im Kunsthandel dem Maler Oskar Kokoschka nahestand, ließ mich wissen, der Meister sei daran interessiert, sein Drama ‚Orpheus und Eurydike' in eine Oper transformiert zu sehen. Kokoschkas Text enthielt soviel geheimnisvolles Dunkel, daß er sich dem für das Komponieren gewiß erwünschten Sachverständnis oft entzog. Da das Drama für die Opernbühne erheblich gekürzt werden mußte, hoffte ich, in einer Besprechung dieser Striche mit dem Autor auch das Licht zur Erhellung dunkler Punkte zu erlangen. Darin sah ich mich aber getäuscht, denn ich fand den großen Mann mit einem chinesischen Puzzlespiel beschäftigt, das seine ganze Aufmerksamkeit absorbierte. Er war mit meinen Vorschlägen einverstanden [...] und entließ mich mit großer Freundlichkeit (aus „Selbstporträt").

Wiederum schrieb ich die Musik in fieberhaftem Tempo, wie in einem Traum. Ab und zu erfaßte ich die tiefere Bedeutung des Textes in plötzlicher Erleuchtung, dann tappte ich wieder im Dunkel, mehr meinem schöpferischen Instinkt vertrauend als meinem Intellekt. Erst viel später wurde mir klar, daß auch Kokoschkas Drama, wenngleich in einem sehr verborgenen Sinn, mit der Idee der Freiheit zu tun hatte (aus „Selbstdarstellung").

KRENEK: „ORPHEUS UND EURYDIKE". *Eigenhändige Partitur.* 167

Universal Edition, Wien

Die Schauspielmusik, die Kokoschka gewidmet ist, entstand im Frühjahr und Sommer 1923. Die Instrumentierung beendete Krenek im September 1923 in Breitenstein, wo er sich im Hause Alma Mahlers aufhielt.

KRENEK MIT KOKOSCHKA, PAUL BEKKER UND ERNST ZULAUF 168
anläßlich der Uraufführung von „Orpheus und Eurydike" in Kassel am 27. November 1926. Photographie mit eigenhändigen Unterschriften von Krenek und Kokoschka.

Historisches Museum der Stadt Wien

KOLORIERTER ENTWURF *zu Figurinen für die Kasseler Premiere von „Orpheus und Eurydike".* 169

Universal Edition, Wien

Ein zeitgenössisches Kunstwerk pflegt in den meisten Fällen von vornherein als ein Insult, also eine beunruhigende Verfehlung gegen die guten Sitten angesehen zu werden – wenigstens von bestimmten Leuten (aus dem Vortrag über ‚Orpheus und Eurydike' in Kassel 1926).

170 KRENEK, *eigenhändiger Brief an Emil Hertzka (Universal Edition), Breitenstein, 23. Oktober 1923.*

Universal Edition, Wien

„Gestatten Sie, daß ich Sie mit einer Idee bekannt mache, die mich schon seit Jahren verfolgt. Ich befasse mich ernsthaft mit dem Plan, eine Operette zu schreiben. Es ist sehr bedauerlich, daß es in unserer Zeit zu einer so scharfen Trennung zwischen der sogenannten ‚anständigen' und der ‚leichten' Musik gekommen ist, eine Trennung, die noch vor relativ kurzer Zeit nicht bestand. Da ich der Meinung bin, daß es in der Kunst nicht auf das ankommt, *was* man macht, sondern nur, daß man es *gut* macht, so sehe ich auch in der Tatsache der leichten Musik keine Entwürdigung, sondern eine sehr begrüßenswerte Bereicherung des Schaffensgebietes. Daß es *gute* Operetten gibt, brauche ich wohl gar nicht zu erinnern. Um vollständig zu sein, will ich noch anführen, daß der Plan eine zweite, materielle Seite hat. Ich sehe mehr und mehr, daß ich auf meine Einnahmen aus dem Verlagsgeschäft durchaus angewiesen bin [...] Die Ursache, warum ich trotz des lang gehegten Wunsches noch nicht dazugekommen bin, die Sache konkret anzufassen, ist, daß ich bisher mit meinen Bemühungen um einen Text keinen Erfolg hatte." Erst im Frühjahr 1924 fand Krenek ein geeignetes Libretto in Georges Gribbles *Bluff,* das er von Carl v. Levetzov einrichten ließ.

171 KRENEK: „BLUFF". *Operette [nach dem Text] von Gribble–Levetzov. Eigenhändige Partitur.*

Im Herbst 1924 begann Krenek mit der Vertonung des Librettos und beendete die Arbeit im Sommer 1925. Das Werk brachte ihm keinen Erfolg, und ebenso scheiterte er dann mit dem Versuch einer Ballettkomposition *(Mammon),* von der er sich „eine gewisse Garantie" erhoffte, „an einer ersten Bühne wiederholt aufgeführt zu werden" (Brief vom 25. Juni 1925 an die U.E.). Als eine Art „Schmerzenskind" betrachtete Krenek auch die 1923 entstandene komische Oper *Der Sprung über den Schatten,* an dessen „Lebensunfähigkeit" er nicht glauben wollte (lt. Brief vom 16. Juni 1927 an die U.E.).

In meinen früheren Werken habe ich versucht, musikalische Formen aus dem Material der Musik selbst aufzufinden und zu gestalten. Im ‚Sprung über den Schatten' habe ich dieses Prinzip auf die Oper angewendet. Unbewußt habe ich aber schon in der Handlung dieser Oper die Grenzen dieses Prinzips angegeben [...] Der Stoff der Oper ist in die Gegenwart verlegt, und enthält als Rahmen Elemente dieses gegenwärtigen Lebens [...] Ich bin der Ansicht, daß die Oper der Gegenwart ihre Stoffe aus dem zeitgenössischen Leben nehmen soll, um einen Kontakt mit dem Publikum [...] zu bewahren (U.E.-Archiv).

Von 1924 an begann ich mich mit den neuesten Errungenschaften des von Strawinsky inaugurierten Neoklassizismus zu befreunden. Wenn ich in früheren Werken von der fortlaufenden Idee-Entwicklung der alten Concerto-grosso-Form angeregt war, so erschien mir nun auch die Textur und die Geste der Barockmusik nachahmenswert. Dafür stehe als Beispiel mein zweites Concerto grosso von 1924. Rhythmik und Satzweise deuten klar auf die Modelle des 17. und frühen 18. Jahrhunderts hin, während die thematische Aussage unverkennbar in der Grammatik der tonalen Harmonie beheimatet ist (aus ,,Selbstporträt").

KRENEK: II. CONCERTO GROSSO *op. 25. Eigenhändige Partitur.* 172

Universal Edition, Wien

Den überwiegenden Teil des Werkes schrieb Krenek im Februar 1924 in Zürich, wo im Oktober des Jahres auch die Uraufführung stattfand. Krenek selbst hielt es für ein ,,relativ leicht auszuführendes und wirkungsvolles Stück" (Brief vom 13. Oktober 1924 an die U. E.).

Betrachter, die an meinen Arbeiten etwas auszusetzen hatten, fanden oft, ihre Unzulänglichkeit sei darauf zurückzuführen, daß ich viel oder zu schnell schreibe. Ich stimme damit durchaus überein, indem ich manches von dem Material [...] wenig beachtenswert finde. Der Haushalt des schöpferischen Ingeniums funktioniert jedoch nicht nach so primitiv rationellen Formeln (aus ,,Selbstporträt").

Wenn ein Komponist seinen Stil ändert, stiftet er gewöhnlich Verwirrung unter seinen Zeitgenossen. Er scheint schlecht abzuschneiden, im Vergleich mit den großen Meistern der Vergangenheit, deren Werk uns als wohlgerundete, logisch organisierte Einheit sich darstellt (aus ,,Selbstdarstellung").

,Jonny spielt auf' ist aus dem Bedürfnis nach Deutlichkeit und Faßlichkeit des Dargestellten entstanden. Diese Bestrebungen nach Deutlichkeit sind heutzutage ungewöhnlich schwierig, da es uns an verständlichen Zeichen gebricht. Das liegt daran, daß wir heute keine Kultur mit einem einheitlichen Gesicht haben [...] Jonny ist ein Versuch, aus dieser Isolation herauszutreten, unter Zuhilfenahme des heute am weitesten sichtbaren musikalischen Zeichens, der modernen Tanzmusik (aus ,,Die Möglichkeiten der Oper").

KRENEK: ,,JONNY SPIELT AUF". *Oper in zwei Teilen. Eigenhändige Partitur.* 173

Universal Edition, Wien

Krenek hat sich bereits 1925 in der Schweiz mit dem Opernprojekt befaßt. Zweifellos erhielt er auch Anregungen von den ,,Chocolat Kiddies", einer Negerrevue, die er im Jänner 1926 in Frankfurt sah und ,,fabelhaft" fand (Schreiben vom 6. Jänner 1926 an die Eltern). Ursprünglich faßte er das Libretto eines Schauspielers in Kassel für die Komposition ins Auge, dann schrieb er jedoch selbst den Text. Im Februar 1926 begann er mit der Komposition und im Juni 1926 schloß er die Instrumentierung ab.

SZENENBILD *(Bahnhofszene) der Uraufführung von ,,Jonny spielt auf" am Stadttheater Leipzig, 10. Februar 1927.* 174

Universal Edition, Wien

175 DIE OPER ALS JAZZ: *Karikatur des ,,Ulk" vom Oktober 1927.*

Die Karikatur zeigt Richard Wagner mit Schwan und Lindwurm. Der Zeichner Holler legte ihm folgenden Text in den Mund: ,,Jazzkollege Krenek hat's doch besser. Zu meiner Zeit mußte man sich mit einem hungrigen Schwan und einem gewöhnlichen Lindwurm behelfen." Die *Jonny*-Sensation trieb ihre Blüten und fand ihren Niederschlag nicht nur auf den Kulturseiten der Tagespresse.

Die Feststellung, daß einem etwas an einer künstlerischen Leistung nicht gefallen hat, ist unangreifbar, aber für jede Art von Publizität überflüssig, ja sogar gefährlich, weil sie durch die Suggestion der Druckerschwärze apodiktischen Charakter gewinnt (K-A).

Nicht gründlicher bin ich mißverstanden, als wenn man mich wegen des Schlusses der Oper für einen Propagandisten einer Art Jazz-Musik-Kultur ansehen würde. Ich bin ein Theaterautor, und weder Kritik noch Propaganda ist Sache des Theaters, sondern nur Darstellung, je lebendiger desto besser, und die Passion des Gestaltens sei die einzige, die den Autor besitzt (aus einem Interview, ,,Neue Leipziger Zeitung" vom 6. Februar 1927).

176 STINKBOMBEN UND TRÄNENGAS GEGEN JONNY. *Theaterskandal anläßlich der Münchner Erstaufführung. (,,Der Morgen", Wien, 18. Juni 1928.)*

,,Die Erstaufführung Kreneks ,Jonny spielt auf' am Gärtnerplatztheater nahm einen dramatischen Verlauf. Alles ging gut, bis Jonny (Alfred Jerger) auftrat. Pfuirufe und Pfiffe ertönten im Hause. Der Lärm erreichte seinen Höhepunkt, als Jonny auf dem Tische stehend seine bekannte Hymne sang. Im Zuschauerraum begann ein Pfeifen- und Trompetenkonzert, zahlreiche Stink- und Tränengasbomben wurden geworfen. Das Publikum hielt im Bombenkampf mutig aus [...].

177 PLAKAT *einer ,,Riesen-Protest-Kundgebung" gegen die Aufführung von ,,Jonny spielt auf" in der Wiener Staatsoper, Dezember 1927.*

Die Proteste und Attacken der Nationalsozialistischen deutschen Arbeiterpartei und ,,Deutschösterreichischen Tageszeitung" wurden von Krenek nicht sehr ernst genommen. Die Aufführung in Wien wurde zu einem Erfolg.

178 ,,JONNY SPIELT AUF". *Erstaufführung an der Wiener Staatsoper am 31. Dezember 1927. Programmzettel.*

Mit der Wiener Aufführung von ,Jonny spielt auf' bin ich über alle Maßen zufrieden. Sie übertrifft alle meine Erwartungen. Dirigent, Sänger, Orchester, alle Mitwirkenden sind mit Interesse am Werk, bemühen sich nach Kräften, ihren Aufgaben gerecht zu werden. So hat Frau Schumann Charlestonstunden genommen, da sie in ihrer Partie viel zu tanzen hat. Herr Jerger wieder hat es sich in den Kopf gesetzt, als fertiger Saxophonvirtuose vor dem Publikum zu erscheinen; auch er nimmt fleißig Unterricht. Zu meiner Freude habe ich bei den Proben bemerkt, daß die Bühnenarbeiter plötzlich eine Melodie meiner Oper mitzupfeifen anfangen; ihre Beine zucken, und so gleicht die Bühne der altehrwürdigen Wiener Oper zuweilen einer Tanzbar (aus einem Interview, ,,Allgemeine Wiener Zeitung" vom 31. Dezember 1927).

KRENEK *mit dem Regisseur Lothar Wallerstein und dem Dirigenten Robert Heger in der Wiener Staatsoper (anläßlich der Premiere von „Jonny spielt auf"). Bildabdruck einer Wiener Zeitung.* 179

Diese Sonderstellung [der Wiener Oper] beruht auf dem eigenartigen Charakter der Stadt Wien, in künstlerischer und kultureller Beziehung. Während anderswo, und vor allen in den deutschen Großstädten, das Publikum von einer Clique von Snobs in einen wahllosen Massenkonsum hineingehetzt wird, den jede Art von ernsthafter Wertung ausschließt, ist in Wien ein innerer Widerstand in Form einer genießerischen Tradition vorhanden, der nicht, wie manche nach Nordwesten schielende Intellektuelle meinen, lediglich von ein paar reaktionären Journalisten inszeniert wird, sondern zutiefst in der Veranlagung des hiesigen Menschenschlages verwurzelt ist (aus dem „Jonny"-Vortrag im Kulturbund, Wien 1928).

KRENEK, *eigenhändiger Briefentwurf an Franz Schalk (Direktor der Wiener Staatsoper), Wien, 1. Jänner 1928.* 180

Universal Edition, Wien

„Es erfüllt mich mit freudigem Stolz, daß meine Oper ‚Jonny spielt auf' an der glanzvollsten Stätte des musikalischen Theaters deutscher Sprache eine nicht nur tadellose, sondern weithin hervorragende und musterhafte Aufführung gefunden hat. Gestatten Sie mir, Ihnen meinen ergebendsten Dank dafür zum Ausdruck zu bringen, daß Sie durch Annahme des Werkes dazu Gelegenheit gaben. Ermöglicht wurde diese außergewöhnliche Wiedergabe, die mein durch zahlreiche miterlebte Aufführungen kritisch geschärftes und andrerseits beinahe abgestumpftes Ohr und Auge zu begeistern vermochte, durch die ausgezeichnete und allen meinen Intentionen entsprechende Leistung der leitenden Persönlichkeiten [...] Ich bitte Sie [...], Ihren ungewöhnlichen Sängern und Darstellern, mit denen zu arbeiten mir einen immer neuen Genuß bereitete, dem vortrefflichen Chor und Ballettpersonal, der Körperschaft der Wiener Philharmoniker, die ihren verdienten Ruhm von neuem bewiesen hat, [...] meinen tiefgefühlten Dank für die vom wohlverdienten Erfolg gekrönten Leistungen bekanntzugeben."

EINE JONNY-PARODIE *in der Nachtvorstellung der Kammerspiele. (Ankündigung der „Stunde", Wien, 10. Jänner 1928.)* 181

In „Pst, Madame Republik" wurde eine *Jonny*-Parodie eingeschoben, von Elsie Altmann und Willy Forst vorgetragen.

JONNY-KARIKATUREN *in Wiener Tageszeitungen.* 182

a) „Ernst Krenek spielt Dr. Julius Korngold auf"
b) „Dr. Julius Korngold als Jonny"
c) „The jolly Jonny Band of Vienna: Die Wiener Prominenten-Jazz konstituiert sich aus den Herren Franz Schalk, Paul Stefan, Wilhelm Kienzl, Leo Slezak, E. W. Korngold, Wilhelm Furtwängler, Richard Strauß."

Wien 1928

Dr. Julius Korngold als Jonny.

Was die Aufnahme des ‚Jonny' in Wien bei der Presse anlangt: nun, sie war kaum anders als in anderen Städten. Ich habe mich bereits [...] daran gewöhnt, daß ein unzulängliches Zelotentum manchmal über die Ziele und Absichten eines normalen Konservatismus hinausschießt und alles und jedes Neue prinzipiell verdammt. Unverständlich bleibt mir auch das Verhalten mancher rechtsstehender Blätter, die sich aus nationalistischen Gründen beleidigt fühlen. ‚Jonny' ist so himmelweit entfernt von einer Erörterung des Rassenproblems, daß ich mich immer nur wundern muß (aus einem Interview, „Der Tag" vom 4. Jänner 1928).

Jahrelang mußte ich meine beste Kraft dazu verwenden, darauf hinzuweisen, daß eben jene Gehalte, die [...] in meinen späteren Werken deutlich hervortreten, im ‚Jonny' genau so präsent sind; [...] daß er gerade so tiefsinnig ist, wie es allerdings gleich anfangs jene wenigen sogleich entdeckt haben, die sich weder vom Lärm des Erfolges verwirren ließen – noch von dem der Theatermaschinerie, die freilich ich selbst entfesselt hatte (aus „Offener Brief an P. Bekker", „Frankfurter Allgemeine Zeitung" vom 25. November 1932).

Am Ende haben einige gedacht, ich sei im Besitz des alleinseligmachenden Rezeptes, wie von nun an Opern zu schreiben seien. Selbst wenn ich ein solches Rezept hätte, würde ich mich hüten, es preiszugeben, denn es hätte einen unschätzbaren Wert als Fabrikationsgeheimnis (aus „Die Möglichkeiten der Oper").

Für einige Zeit verfolgte ich die stilistische Linie von ‚Jonny spielt auf'. Drei einaktige Opern, die ich unmittelbar nachher schrieb, können als eine Art von ausführlichen Randbemerkungen betrachtet werden (aus „Selbstdarstellung").

183 KRENEK: *eigenhändige Skizzen zum Einakter „Der Diktator", datiert Cassel, 23. Juni 1926.*

1926 entstand noch der Einakter *Das geheime Königreich*, und 1927 folgte als op. 55 *Das Schwergewicht, oder: Die Ehre der Nation.*

KRENEK, *eigenhändiger Brief an Hans Heinsheimer (Universal Edition), Wiesbaden, 4. September 1927.* 184

Universal Edition, Wien

Der Brief enthält Kreneks Werkverzeichnis von op. 22 bis op. 55 mit Angabe der Entstehungsjahre und Bemerkungen über die Uraufführungen.

Nach meinen Werken bin ich nicht nur bekanntlich als Bolschewist, zynischer Niederreisser ehrwürdiger Traditionen und speziell wegen ‚Orest' als Verballhorner der Antike gebrandmarkt, sondern auch von anderen Seiten als Kulturfaschist, Reaktionär übler Art, Verräter des sogenannten Fortschritts und Verfertiger gefälligen Kitschs beurteilt worden (aus einem Vortrag, Mannheim 1931).

Hier [‚Leben des Orest'] machte ich einen bewußten Versuch, den großen Stil mit den Mitteln von Romantik und Jazz wiederzuerobern [...] Ich preßte die ganze Geschichte der unseligen Atridenfamilie in einen Theaterabend zusammen. Fünf Akte voll von schnellem und wildem Geschehen reichten von der Opferung der Iphigenie in Aulis zum Prozeß des Muttermörders Orest vor dem Aeropag [...] Indem ich das Werk ‚Große Oper' nannte, beschwor ich die Tradition der grandiosen Schaustücke Meyerbeers und Verdis herauf. Die Musik enthielt viele althergebrachte Elemente, Arien, Chöre, Ensembles, Ballett und das ganze übrige Rüstzeug dieser Gattung. Die Einführung von Jazz war gerechtfertigt, da ich die Zeitlosigkeit dieser Geschichte demonstrieren wollte (aus „Selbstdarstellung").

KRENEK: „LEBEN DES OREST". *Große Oper in fünf Akten. Eigenhändige Skizze.* 185

Die Komposition wurde im August 1928 während eines Aufenthaltes in der Tschechoslowakei begonnen und im Mai 1929 in Wien beendet.

Zum musikalischen Stil [von ‚Leben des Orest']: Entwickelt aus heute volkstümlichen Formen. Das Ganze sollte wirken wie ein modernes Passionsspiel: ein alter, gewaltiger Stoff, der einen ungeheuren Umkreis menschlicher Gefühlsmöglichkeiten umfaßt [...], gestaltet aus einer zeitgenössischen Empfindungs- und Vorstellungsart [...] Dieser volkstümliche Musikstil schließt gewählte Wendungen nicht aus, soweit sie die Besonderheit des Ausdrucks fordert, nur sollten sie stets aus dem volkstümlichen Grundstoff [...] abgeleitet sein. Alles bewußt Klassizistische muß entschieden gemieden werden (K-A).

ANKÜNDIGUNGSZETTEL *der Schlußprobe (18. Jänner 1930) zur Leipziger Uraufführung von „Leben des Orest" am 19. Jänner 1930 am Neuen Theater.* 186

SZENENBILD *der Premiere von „Leben des Orest" an der Hamburger Oper am 16. April 1930.* 187

Universal Edition, Wien

Dies möchte ich [...] entschieden klargelegt haben: 1. daß Oper nicht unbedingt ideenlos zu sein braucht, 2. daß Ideenlosigkeit nicht unbedingt ein Kennzeichen moderner künstlerischer Bestrebungen zu sein braucht, und 3. daß man, ohne ideenlos zu sein, auch andere Wege als Richard Wagner gehen kann (aus „Der ‚entlarvte Orest'").

Die Formeln von Spiel- und Gebrauchsmusik, die für den Neoklassizismus in Mitteleuropa charakteristisch waren, und die folkloristischen Ausschweifungen behagten mir auf die Dauer nicht; ich wandte mich daher einer romantischen Schreibweise zu, die offensichtlich von Franz Schubert abgeleitet und wenigstens in dieser Hinsicht wirklich originell war, denn es ist mir nicht bekannt, daß mir irgendjemand auf diesem antimodernistischen Weg gefolgt wäre. Selbst in ‚Jonny spielt auf' sind die Jazzelemente eingebettet in einen durchaus romantischen, manchmal italienisierenden Stil. Auf ähnliche Weise werden sie behandelt im Finale der ‚Kleinen Sinfonie' von 1928, wo sie mit einer gewissen naiven Unverschämtheit zutage treten (aus „Selbstporträt").

Während Hindemith die deutsche Jugend mit brauchbarer Musik für Unterhaltung und Erbauung versorgte und Kurt Weill die ätzende Sozialkritik Bert Brechts musikalisch interpretierte, schrieb ich in zwanzig Tagen die zwanzig Lieder, die das ‚Reisebuch aus den österreichischen Alpen' bilden – sentimentale, ironische und philosophische Skizzen im Stil von Schuberts ‚Winterreise', in welchen ich die Schönheit meines Heimatlandes pries und manche seiner Probleme lyrisch diskutierte. Dieses Werk war der Wendepunkt in jener Phase meiner Entwicklung, die begonnen hatte, als ich mich 1924 vom ‚Modernismus' abgewendet hatte (aus „Selbstdarstellung").

188 KRENEK: *eigenhändige Skizzen zum „Reisebuch aus den österreichischen Alpen" für Singstimme und Klavier.*

Krenek schrieb diesen Zyklus in der Zeit vom 5. bis 26. Juli 1929, und an manchen Tagen wurden zwei Lieder skizziert. Von diesem populär gewordenen Werk fertigte der Komponist 1976 eine Orchesterfassung für Hermann Prey an.

189 PROGRAMMZETTEL *der Uraufführung von „Reisebuch aus den österreichischen Alpen", Leipzig, 17. Jänner 1930.*

Hans Duhan sang, von Krenek begleitet, den Zyklus erstmals in Leipzig im Rahmen der Veranstaltungen der Internationalen Gesellschaft für Musik. Veranstaltungsort war der Saal des dortigen Landeskonservatoriums.

Wie nahe ich Schubert bewußt kommen wollte, zeigt das dem Andenken des Meisters gewidmete Lied vom österreichischen Wein. Jedoch im Epilog des Zyklus, der in Text und musikalischer Haltung dem romantischen Zauberkreis reflektierend gegenübersteht, intoniert die Singstimme eine Zwölftonreihe, die erste in einem meiner Werke (aus „Selbstporträt").

Während dieser Zeit wurde ich immer unzufriedener mit dem Charakter meines Werkes [...] Die Stunde der Entscheidung kam näher, als ich entdeckte, daß eine neue Oper, die ich geschrieben hatte [‚Kehraus um St. Stephan'], von jedermann abgelehnt wurde [...] Während die Musik immer noch den Schubert-Klang des ‚Reisebuch' aufwies, war das Libretto scharf kritisch mit Bezug auf lokale Verhältnisse [...] Ich erkannte, daß ich an einem toten Punkt angelangt war. Ich hatte gute Lust, die Musik ganz und gar aufzugeben (aus „Selbstdarstellung").

190 KRENEK: „KEHRAUS UM ST. STEPHAN". *Oper in zwei Teilen. Eigenhändige Partitur.*

Die Oper wurde während Kreneks Sommeraufenthalt in Dölsach im Juni bis September 1930 komponiert. Das Werk blieb ungedruckt.

Eines war klar: meine neuromantische Phase war zu Ende. Die Entscheidung war alles andere als leicht. Ich vertiefte mich in das Studium der Werke von Schönberg, Berg und Webern, als säße ich in einem Elementarkurs in Komposition. Bis dahin hatte mich die Musik dieser Meister durch ihre unbezweifelbare Modernität und kompromißlose Stilreinheit angezogen, jedoch sie hatte keinen wirklichen Reiz für mich als Ausdrucksmittel [...] Es war eine der wichtigsten Erfahrungen meines Lebens, daß das geduldige, analytische und intellektuelle Studium dieser Musik mir die Augen für ihren ästhetischen Wert öffnete und daß, als ein Ergebnis meiner Studien, ich nunmehr in der Lage bin, jene Schönheiten wahrzunehmen und unmittelbar zu genießen, die mir verschlossen gewesen waren, bevor ich mich analytisch mit dieser Musik befaßt hatte. Nach langem Überlegen und gründlicher Gewissenserforschung beschloß ich, mich der Zwölftonmusik zu verschreiben (aus ,,Selbstdarstellung").

Der Entschluß dazu hängt mit meiner Neigung zu denkerischer Schärfe und Konsequenz zusammen, mit meiner Vorstellung, daß die Qualität von Musik mit der Dichte und dem inneren Beziehungsreichtum ihrer Struktur, ihrem Bestand an strukturellen Entsprechungen Hand in Hand geht (K-A).

KRENEK: ,,GESÄNGE DES SPÄTEN JAHRES" *für Singstimme und Klavier. Eigene Handschrift.* 191

Universal Edition, Wien

Meine ,Gesänge des späten Jahres' [...] sind im Herbst 1931 entstanden und bilden eine Art Gegenbild oder Kompliment zu meinem ziemlich bekannt gewordenen Liederzyklus ,Reisebuch aus den österreichischen Alpen', oder auch eine Art Weiterentwicklung dieses Zyklus auf einer anderen Ebene. Hier wie dort liegt dem Ablauf der Gesänge die Vorstellung einer Wanderschaft, einer Reise zugrunde, eine Idee, die mit dem Gedanken des Liederkreises überhaupt in einer tieferen Beziehung zu stehen scheint [...], indem sie das Symbol einer Wanderung durch das eigene Ich des Sängers darbietet. Es ist, als würde dieses immer tiefer aufgeblättert, und das Vordringen von einer Schicht zur anderen stellt sich in den einzelnen Stationen der Fahrt dar [...] In den ,Gesängen des späten Jahres' ist das Motiv der schmerzvollen Spannung zwischen dem Wunsch, in einer friedvollen, menschenwürdigen Welt zu leben, und der enttäuschungsreichen Wirklichkeit zum Hauptthema geworden [...] Spätgefühle aller Art sind vorherrschend. Unter verschiedenen Bildern wird der Gegensatz deutlich zwischen einer vielleicht nur für glücklich gehaltenen Vergangenheit und einer als drückend empfundenen Gegenwart des Zerfalls und der Vernichtung [...] Entsprechend diesen geistigen Voraussetzungen ist auch die musikalische Faktur dieser Gesänge reicher und komplizierter als die des ,Reisebuchs'. Der musikalische Stoff ist in Formen organisiert, die sich von den sogenannten Naturgegebenheiten der Tonalität mehr und mehr entfernen, in einigen Liedern ist der Versuch einer konsequenten Abwandlung von Zwölftonreihen gemacht, wenn auch nocht nicht mit der vollen Strenge und Ökonomie der betreffenden Prinzipien Arnold Schönbergs (aus einem Rundfunk-Vortrag, Berlin).

PROGRAMMZETTEL *der Uraufführung der ,,Gesänge des späten Jahres", Dresden, 30. März 1932.* 192

Krenek selbst begleitete Elisa Stünzner bei der Uraufführung der *Gesänge* in einem Konzert des Dresdener Tonkünstler-Vereins.

Als ich durch diese Depression [deren Ausdruck die ,Gesänge des späten Jahres' sind] hindurchging, hatte ich ein Gespräch mit dem damaligen Direktor der Wiener Staatsoper, Clemens Krauß, in welchem er vorschlug, daß ich eine neue Oper für sein Institut schrei-

ben sollte. Diese Anregung hatte eine elektrisierende Wirkung auf mich. Ich konnte sehen, daß ich meinen Ruf als vielversprechender Opernkomponist doch noch nicht eingebüßt hatte. Vor allem aber beglückte es mich, darin ein Zeichen von Anerkennung in meinem Heimatland zu erblicken (aus „Selbstdarstellung").

193 ENTLEHNSCHEIN *der Österreichischen Nationalbibliothek für Krenek, datiert Wien, 22. September 1933.*

Krenek nahm Einsicht in „Aktenstücke und Briefe zur Geschichte Kaiser Karls V.".

Meine neue, von der Wiener Staatsoper zur Uraufführung erworbene Arbeit heißt ‚Karl V.' und führt den Untertitel ‚Bühnenwerk mit Musik in zwei Teilen'. Als Oper wollte ich sie darum nicht bezeichnen, weil in dem Werk auch das gesprochene Wort eine bedeutende Stellung einnimmt, die aber von der etwa in der Nummernoper üblichen Verbindung von Gesang und gesprochenem Dialog erheblich abweicht. Diese besondere, neue Anordnung ergab sich zwangsläufig aus der Art und Weise, mit der ich dem Stoff geistig beizukommen suchte, und aus einer bestimmten dramaturgischen Technik, die nötig war, um das gewaltige Stoffgebiet in den Rahmen eines normalen Opernabends zu fassen. MMein Werk behandelt nämlich die ganze Regierungszeit Karls V., vom Reichstag in Worms, 1521, bis zu seinem Tod im Kloster San Yuste, 1558. Schon seit langem hat mich die geheimnisvolle Figur dieses Kaisers beschäftigt [...] Eine intensive Befassung mit den geschichtlichen Quellen, die mir [...] in der Nationalbibliothek zugänglich wurden, ergab, daß das Bild, das ich mir, in Übereinstimmung mit meinen sonstigen Ideen zur abendländischen Geschichte gemacht hatte, zutraf [...] Karl V. war der erste und letzte Kaiser, der die mittelalterliche Idee des christlich-katholischen, auf der geistigen Gemeinschaft im religiösen Glauben gegründeten Universalreiches mit den modernen politischen Mitteln seiner Zeit bewußt zu verwirklichen suchte [...] Da es mir [...] auf die anschauliche geistige Durchdringung eines Abschnitts der europäischen Vergangenheit ankam, dessen treibende Prinzipien ungebrochen in die lebendigste Gegenwart fortwirken, wird man wohl verstehen, daß ich, ohne irgend etwas künstlich ergrübeln zu müssen, auch zu einem durchgeistigteren, der Würde des Stoffs angepaßten musikalischen Stil gelangte, der von dem meiner früheren Theaterwerke freilich stark abweicht (K-A).

194 KRENEK, *eigenhändiger Text und Dekorationsentwürfe zu „Karl V.".*

Mit der Konzeption des Bühnenwerkes begann Krenek im Sommer 1932.

Die erste Fassung des Textes [...] war ein monströses historisches Drama [...] Erst der Einfall, das Drama in zwei Ebenen zu zerlegen, in eine solche der Darstellung und eine zweite der Diskussion, gestaltete eine [...] Formung, die der Musik den Zugang nicht nur erlaubte, sondern nach ihr geradezu verlangte. Ich habe erst viel später, nach Vollendung des Ganzen, diese dramaturgische Methode theoretisch untersucht und bin [...] zu dem Resultate gekommen, daß mir diese Form des gleichzeitig gespielten und debattierten Geschichtsdrama als einzige dramatische Gestaltungsweise der Historie erscheint, die vom Standpunkt christlicher Weltbetrachtung möglich ist (aus „Vorbemerkung zur Vorlesung über ‚Karl V.'" in Graz 1936).

195 KRENEK: *eigenhändige Skizzen zu „Karl V." (1. Teil).*

Als ich mit der musikalischen Ausarbeitung des ersten Teiles vollständig fertig war, im Januar 1933, spielte ich diesen Clemens Krauß vor, worauf er das Werk sofort annehmen wollte. Ich selbst schlug ihm vor, doch lieber die Fertigstellung des Ganzen abzuwarten, was ihm als unnütze Formalität erschien. Ich beendete meine Arbeit im Mai 1933, fast genau auf den Tag, an dem die Erneuerung des österreichischen Gedankens durch die Gründung der V[olks] F[ront] offiziell proklamiert wurde. Ich betone das darum, weil von mancher Seite behauptet wurde, mein Werk sei das Produkt eines konjunkturbeflissenen Gesinnungswechsels (aus „Vorbemerkung zur Vorlesung über ‚Karl V.'" in Graz 1936).

Seit meiner ersten Oper, ‚Zwingburg', hatte ich in fast allen meinen Theaterwerken an die politische Sphäre gerührt. In ‚Karl V.' nahm ich ausdrücklich Stellung zu politischen Problemen, indem ich den Universalismus des mittelalterlichen katholischen Reiches pries gegenüber den zersetzenden Kräften von Nationalismus, Materialismus und religiöser Gleichgültigkeit (aus „Selbstdarstellung").

KRENEK: *eigenhändige Partitur von „Karl V.", aufgeschlagen: Zwischenspiel vor dem 2. Teil.* 196

Universal Edition, Wien

Ich habe Weberns Werken von Anfang an die größte Bewunderung entgegengebracht; doch entsprach es wahrscheinlich meiner Natur mehr, mich zunächst in dem von Berg erschlossenen Stilbereich zu ergehen. Ich glaube, daß das nicht nur im Gesamtcharakter der Musik zu ‚Karl V.' zutage tritt, sondern auch in manchen Einzelheiten der harmonischen Gestaltung, wie etwa in dem orchestralen Zwischenspiel zwischen den beiden Teilen des Werkes (aus „Selbstporträt").

Die Aufführung wurde auf Februar 1934 festgesetzt. Noch im Dezember 1933 ließ mir Clemens Krauß nahelegen, ich möchte das Werk ihm widmen, da er sich dieser Arbeit so besonders verbunden fühle. Daß mein Widerstreben in der Erfüllung dieses Wunsches nur berechtigt war, zeigte sich alsbald. Schon vier Wochen später empfand derselbe Mann in Bezug auf ‚Karl V.' solche Hemmungen der verschiedensten Art, daß nach einer Reihe von mehr oder weniger undurchsichtigen Vorgängen die weit fortgeschrittene Probenarbeit unterbrochen wurde, um nicht wieder aufgenommen zu werden. Österreich ist so um die Möglichkeit gekommen, in meinem Werk vielleicht eine Art Festspiel seiner Erneuerung erhalten zu haben (aus „Vorbemerkung zur Vorlesung über ‚Karl V.'" in Graz 1936).

„KARL V." SZENENBILD *der Aufführung in Essen von 1950.* 197

Universal Edition, Wien

Nach der Uraufführung des Bühnenwerkes in Prag (1938) kam es 1950 in Essen, 1958 in Düsseldorf, 1965 in München, 1969 in Graz, 1970 in Zürich usf. heraus. Wien brachte es nur zu einer konzertanten Aufführung im Jahre 1951 unter Herbert Häfner, die sich als ungenügend vorbereitet erwies.

Man kennt den Starrsinn phantasieloser Menschen, die sich einmal auf Formeln festgelegt haben und nun an deren Unfehlbarkeit mehr glauben als an die Wirklichkeit des Lebens (aus „Zur heutigen Situation der ‚Neuen' Musik").

Ich kann nicht wenig davor warnen, daß man sich die Sache so vorstellt, daß der Künstler zu Hause sitzt, entschlossen, partout Kunst an und für sich selber zu machen, und nun nachdenkt, wie er sein Ragout mixen muss, damit er es mit dem Tonfilm und der politischen Sensation aufnehmen kann [. . .] In Wirklichkeit ist es so, dass der Künstler sich ganz automatisch in all diese neuen und brennenden Fragen hineingerissen fühlte, dass also der Kampf zwischen dem künstlerischen Denken und Wollen und den politischen und sozialen Problemstellungen, die innere Konkurrenz [...] in ihm selbst zum Austrag zu kommen suchte (aus einem Vortrag in Mannheim).

Seitdem die Musik so isoliert geworden ist, seitdem sie scheinbar so völlig abseits der Sorgen und Fragen des realen Lebens ihren eigenen, schwer verständlichen Weg geht, ist sie viel deutlicher und erregender nicht Spiegel, sondern geradezu Schauplatz geschichtlicher Entscheidungen geworden, während sie in früherer Zeit zwar dem Leben eingeordnet, aber eben dadurch einer gewissermaßen politischen Selbstverantwortung enthoben war (aus „Das Weltbild der Musik").

198 KRENEK: DREI ITALIENISCHE BALLADEN *für Singstimme und Klavier. Eigene Handschrift.*

Universal Edition, Wien

Da die politische Situation Aufführungen „entarteter" Musik nicht zuließ, war Kreneks künstlerische Produktion wie gelähmt. Er nahm nur den Auftrag für eine Kammeroper für das Musikfest in Venedig wahr (*Cefalo e Procri,* 1934), sonst befaßte er sich mit der Bearbeitung von Volksliedern und der Herausgabe älterer Musik. (Die italienischen Balladen wurden nicht gedruckt.)

Es mag von Interesse sein, daß ich während der ganzen Zeit von 1933 an ab und zu Stücke schrieb, in welchen ich mich der Zwölftonmusik nicht bediente. Solche Arbeiten waren gewöhnlich von geringerem Ausmaß und für Gelegenheiten bestimmt, für welche die Zwölftontechnik nicht anwendbar zu sein schien (aus „Selbstdarstellung").

199 BALL BEI PRINZ EUGEN. *Barocke Tanzmusik für Klavier, herausgegeben von Krenek. Universal Edition, Wien 1935.*

Krenek wählte für die Ausgabe Werke wenig bekannter Komponisten wie Jacques de St. Luc, J. Th. Herold, Graf Logi u.a.

Durch meine Arbeit in der Zwölftontechnik wurde mein Interesse an Musiktheorie und -geschichte geweckt, Fächer, die mich bis dahin nicht besonders angezogen hatten. Franz Schreker [...] hatte nicht viel übrig für die Arbeiten des Musikhistorischen Instituts an der Wiener Universität, und da ich damals absolutes Vertrauen in jedes seiner Worte setzte, nahm ich keinen Teil an den wichtigen Studien [...] So war meine Kenntnis der Musikgeschichte recht lückenhaft [...] Mein Interesse für dieses Gebiet steigerte sich, als ich mit der neuen, von Malipiero besorgten Gesamtausgabe von Monteverdis Werken vertraut wurde. Monteverdis Musik gewann für mich eine ähnliche Bedeutung wie die Entdeckung Franz Schuberts viele Jahre früher (aus „Selbstdarstellung").

200 KRENEK, *eigenhändig verfaßte Ankündigung über seine Arbeit an Monteverdis „L'incoronazione di Poppea" (Wien 1936).*

Universal Edition, Wien

„Krenek hat eine den Möglichkeiten des heutigen Theaters angepaßte Fassung der Oper ‚L'incoronazione di Poppea' (‚Die Krönung der Poppea') von Claudio Monteverdi vollendet. Das Libretto des G. F. Busenello ist von ungewöhnlicher sprachlicher Tiefe und Gewalt, die Musik, aus den letzten Jahren des Meisters stammend, gehört zu seinen großartigsten Schöpfungen. Die Bearbeitung bezieht sich zunächst darauf, bei der Reduktion der Fülle des Originals auf einen normalen Opernabend die wertvollsten musikalischen Bestände zu konservieren und gleich [dra]maturgisch zu vereinfachen und sinnvoll zu gliedern. Da die Musik mit Ausnahme weniger Zwischenspiele nur als Singstimme mit beziffertem Baß notiert ist, muß nunmehr dieser Continuo bei völliger Wahrung der melodischen und harmonischen Konzeption des Originals ausgesetzt und orchestriert werden." (Krenek hatte die Arbeit erst begonnen, als der Verlag das Unternehmen „für aussichtsreich, auch im praktischen Sinn" hielt. Lt. Schreiben Kreneks an die U.E. vom 6. Februar 1937).

CLAUDIO MONTEVERDI: „L'INCORONAZIONE DI POPPEA". *Bearbeitet und instrumentiert von Krenek. Eigenhändige Partitur Kreneks.* 201

Universal Edition, Wien

Die Bearbeitung war Ende 1936 beendet. Zur Aufführung kam das Werk kurz vor Kreneks erster Amerikareise im Herbst 1937.

PROGRAMMVORSCHAU *der Internationalen Operngesellschaft (Paul Csonka) mit der Ankündigung der Uraufführung von „L'incoronazione di Poppea" am 25. September 1937 in Wien.* 202

SZENENBILD *(Nero und Poppea) der Erstaufführung von Kreneks „L'incoronazione di Poppea". (Bildabdruck in „Wiener Bilder" vom 3. Oktober 1937).* 203

Hans Joachim Heinz sang den Nero, die mit dem Schreker-Schüler Joseph Rosenstock verehelichte Herta Glatz die Poppea.

Wenn die moderne Musik etwas an den bisher geltenden künstlerischen Regeln ändert, so tut sie es nicht aus Leichtsinn oder Zerstörungssucht, sondern weil sie gerade diese Regeln mit besonderer Gewissenhaftigkeit befolgt und zu Ende denkt. Darin besteht das Leben und die Entwicklung der Kunst seit jeher. Immer sind die Kühnheiten von heute die Regeln von morgen, und alles, was wir an alter Kunst bewundern, verstieß seinerzeit gegen die Regel, indem es sie nur konsequenter weiter dachte als die anderen, denen sie eine bequeme Fessel war (aus „Kunstpolitik im neuen Österreich").

Unter den Werken, die ich vor meiner Auswanderung aus Europa vollendete, betrachte ich die Zwölf Variationen für Klavier und das Sechste Streichquartett als die wichtigsten. Keines von beiden ist von der Öffentlichkeit hinreichend wahrgenommen worden, vielleicht weil die Variationen zwar gespielt, aber nicht gedruckt wurden, während das Quartett wohl erschien, aber nicht aufgeführt wurde (aus „Selbstdarstellung").

KRENEK: *eigenhändige Bleistiftskizzen (Reihe, Umkehrung, Krebs und Krebs-Umkehrung) zu den Variationen für Klavier op. 79, datiert Wien, 4. April 1938.* 204

Wie häufig bei der Skizzenarbeit hat Krenek auch hier schon die Zeitdauer der Komposition angegeben.

Früher pflegte ich viel auf Spaziergängen zu konzipieren, jetzt kann ich mich bei solchen nicht genügend konzentrieren, auch lassen sich die Aufgaben, die ich mir stelle, nicht ohne Bleistift und Papier lösen. Ich arbeite natürlich am Schreibtisch und benütze das Klavier erst zur Unterstützung der Klangvorstellung bei der Kontrolle des Geschriebenen (K-A).

Ich glaube, daß ich im ‚Sechsten Streichquartett', das 1936 entstand, dem mir vorschwebenden Ideal einer Integration von thematischer Erfindung und vorgegebener Materialordnung so nahe gekommen bin, wie es mir damals möglich war. Die Zwölftonreihe ist schon derart angelegt, daß aus ihr ein hoher Grad von Beziehungsdichte zwischen den Motivgestalten gewonnen werden kann (aus „Selbstdarstellung").

205 KRENEK: VI. STREICHQUARTETT. *Eigenhändige Partitur.*

Universal Edition, Wien

Das im Oktober 1936 in Wien beendete Streichquartett erschien im Juni 1937 bei der Universal Edition. Ein Satz daraus wurde zum erstenmal 1940 von Schülern Kreneks in der Sommerschule in Ann Arbor (Michigan) gespielt. Erst 1952 brachte das Assmann-Quartett das vollständige Werk zur Uraufführung.

Man muß tiefer schürfen, die technischen, ästhetischen und philosophischen Grundsätze der Zwölftontechnik erforschen und ihre Möglichkeiten und Grenzen in immer neuen Versuchen prüfen. Das hieß energisch und geduldig studieren, eine lange Reihe von Kompositionen schreiben und stets neue Marschlinien ausprobieren (aus „Selbstdarstellung").

206 KRENEK, *eigenhändiger Brief an Herrn Roth (Universal Edition), Mondsee, 24. August 1937.*

Universal Edition, Wien

„Ich habe mein Klavierkonzert jetzt fertig, und wir müssen uns nun klar werden, wie damit weiter verfahren werden soll. Ich brauche jedenfalls ein zweites Exemplar des Klavierauszuges, den ich gemacht habe, zum Üben (dazu kann ich natürlich auch das Manuskript verwenden). Ein solches Exemplar wäre jedenfalls auch gut zur Versendung an Interessenten, zum Kennenlernen etc. Die Partitur müßte auf jeden Fall kopiert werden, Herr Bruno Walter muß dann ein Exemplar bekommen, um sich an den Anblick langsam zu gewöhnen (lieber wäre mir fast, er hätte es erst, wenn ich in Amerika bin, um Diskussionen, Ausflüchten, Absagen etc. auszuweichen, sie zum mindesten zu erschweren)."

207 KRENEK: II. KLAVIERKONZERT *mit Orchester op. 81. Eigenhändige Partitur.*

Universal Edition, Wien

Das *II. Klavierkonzert* war Kreneks letzte größere Komposition vor seiner Emigration. Er beendete die Arbeit Anfang August in Vent in Tirol. Zur Uraufführung kam es am 17. März 1938 in Amsterdam unter Bruno Walter mit Krenek als Solisten.

KRENEK: 12 SHORT PIANO PIECES *written in the twelve-tone technique op. 83. G. Schirmer, New York 1939.* 208

Während meiner ersten Jahre in Amerika schrieb ich mehrere kleinere Werke, in denen ich jene Methoden der Zwölftontechnik verwendete, mit denen ich mich bis dahin vertraut gemacht hatte. Zwei größere Werke dieser Art waren ein Ballett, betitelt ‚Eight Column Line' (‚Schlagzeile'), und eine Oper, ‚Tarquin'. Beide sind für Kammermusikensembles gedacht (aus „Selbstdarstellung").

EIGHT-COLUMN LINE, *a Ballet by Truda Kaschmann & Alwin Nikolais, music by Ernst Krenek composed for the friends and enemies of modern music. Ankündigungszettel für die Aufführungen am 19. und 20. Mai 1939 in the Avery Memorial Auditorium in Hartford (Connecticut).* 209

Krenek selbst dirigierte die Premiere.

Mit [Emmet] Lavery arbeite ich fortgesetzt zusammen, es ist sehr interessant und macht mir Spaß. Es soll eine neue Art von Oper werden, mit ganz wenigen Leuten und nur ein paar Instrumenten, so daß man damit herumreisen kann. Ich glaube, daß der alte große und kostspielige Operntyp hier überhaupt nicht durchzusetzen ist (Brief vom 7. Februar 1940 an die Eltern).

KRENEK: *eigenhändige Skizzen zur Oper „Tarquin".* 210

Die Komposition wurde im Jänner 1940 in Poughkeepsie begonnen und im September in Hollywood beendet. Zur Uraufführung kam die Oper am 8. Oktober 1950 in Köln.

Im Jahre 1941 begann ich bewußt, meinen nächsten Schritt in der Zwölftontechnik vorzubereiten [...] Das Ergebnis war ein umfangreiches und sehr schwieriges Chorwerk, ‚Lamentatio Jeremiae Prophetae', komponiert auf den lateinischen Text der Liturgie der Karwoche (aus „Selbstdarstellung").

KRENEK: *eigenhändige Vorstudien zu „Lamentatio Jeremiae Prophetae" (für gemischten Chor a capella) mit Texten aus dem „Liber usualis".* 211

Vom Studium der mittelalterlichen Kirchenmusik her kam ich zur rhythmischen Organisation meines Chorwerkes. Ich schrieb es gänzlich ohne Taktstriche und ließ die dynamischen Akzente sich von selbst aus dem Netzwerk der frei dahinfließenden melodischen Linien ergeben, so wie es meiner Ansicht nach auch in der Polyphonie des 15. Jahrhunderts der Fall war. Alle diese Anordnungen machten die Ausführungen der zwei- bis neunstimmigen A-capella-Komposition ungewöhnlich schwierig (aus „Selbstporträt").

KRENEK: *eigenhändige Reihenskizzen zur „Lamentatio Jeremiae Prophetae".* 212

In der ‚Lamentatio Jeremiae Prophetae' [...] finden sich Ansätze zu Verfahrensweisen, die für mich später in meinen Auseinandersetzungen mit der seriellen Technik von großer Bedeutung wurden. Es handelt sich dabei vor allem um eine Manipulation, bei der die

Töne der ursprünglichen Zwölftonreihe gesetzmäßig ihre Plätze vertauschen, wodurch dann abgeleitete Reihen entstehen. Dieses Verfahren, das ich als Rotation bezeichnet habe [...] erwies sich deshalb als sehr nützlich, weil es einen hohen Grad von Flüssigkeit und Elastizität erlaubte (aus „Selbstporträt").

Als ich die ‚Lamentatio' komponierte, die verzweifelte Klage des Propheten über den Untergang der Heiligen Stadt, war ich überzeugt, ein Werk zu schaffen, das, solange ich lebte, nicht zu Gehör kommen würde. Ich zeigte damals meinen Studenten die letzte Seite der Partitur und sagte ihnen: ‚Hier ist eine Musik, die man weder spielen noch singen noch lesen oder hören kann – man kann sie nur schreiben.' Natürlich bedaure ich nicht, mich mit dieser Prophezeiung geirrt zu haben (aus „Selbstporträt").

213 KRENEK: *eigenhändige Skizzen zu „I wonder as I wander". Sinfonischer Satz in Form von Variationen op. 94.*

Der symphonische Satz, dem ein Volkslied aus North Carolina zugrunde liegt, wurde zu Beginn des Jahres 1942 konzipiert. Krenek schrieb das Werk für Mitropoulos, der ihn angeregt hatte, „menschlicher" (für das Publikum verständlicher) zu schreiben.

214 KRENEK: *eigenhändige Skizzen zur 3. Klaviersonate, datiert Mai 1943.*

In meiner dritten Klaviersonate und in einer Reihe von kleineren Werken entwickelte ich die Ideen der Lamentationen weiter. Dieser Prozeß kam zu einem Höhepunkt in meinem Siebenten Streichquartett [...] Wiederum war ich angeregt und unterstützt von meiner neuerworbenen genauen Kenntnis von Ockeghem und Josquin de Près. Ich finde, daß im Siebenten Streichquartett jenes Gleichgewicht von logischer Konstruktion und Elastizität, von Genauigkeit der Arbeit und Wärme des Ausdrucks, wie ich es während meiner ganzen Laufbahn angestrebt hatte, erzielt ist (aus „Selbstdarstellung").

215 KRENEK: VII. STREICHQUARTETT OP. 96. *Vollständige eigenhändige Skizze, datiert: St. Paul, 2. Juli 1944.*

Das [VII. Streichquartett] ist eines meiner besten Stücke (Brief vom 27. April 1948 an die Mutter).

Wie Sie bemerkt haben werden, habe ich nach No. 96 aufgehört, Opus-Nummern zu geben – eine Art Aberglauben, auch Bedenken, über 100 zu gehen. Jedoch habe ich später in der Gesamtkartothek meiner Schreiberei (die nicht nur die Musik, sondern auch die hunderte meiner literarischen Versuche enthält) meinen musikalischen Arbeiten Ordnungsnummern gegeben, die die Orientierung sehr erleichtern (Brief an Friedrich Saathen vom 22. Oktober 1963).

216 KRENEK: „WHAT PRICE CONFIDENCE?" *(Vertrauenssache). Komische Kammeroper in 9 Szenen. Eigenhändige Skizze.*

Im Dezember 1945 beendete Krenek in St. Paul die Kompositionen der Kammeroper, die er auf Anregung eines Quartetts von Sängern der Metropolitan

Opera geschrieben hatte. Die Sänger wollten für ihre privaten Konzerttourneen auch neuere Musik im Repertoire haben – Krenek schrieb daher das Stück mit Klavierbegleitung –, kamen aber nicht dazu, es zu studieren. Das Werk, zu dem Krenek selbst den Text verfaßte, erschien 1960 bei Bärenreiter in Kassel.

Die vereinfachte Zwölftontechnik führte mich in eine Sackgasse – das will ich hier offen bekennen [...] Während der vierziger Jahre wurde mir [...] immer deutlicher, daß die kristallklare, im Grunde ganz einfache und dabei geheimnisvolle in sich verschränkte Konstruktion von Anton Webern das Ideal war, dem ich nachstreben wollte [...] Ich erinnere mich, daß ich meinen amerikanischen Studenten immer wieder die wenigen Schallplatten, die es damals von Weberns Musik gab, vorspielte und daß ich von Mal zu Mal stärker davon beeindruckt wurde, wie spontan die jungen Menschen auf diese Musik reagierten (aus „Selbstporträt“).

KRENEK: SINFONISCHE ELEGIE *für Streichorchester („In memoriam Anton Webern“). Eigenhändige Skizze.* 217

Das im Jänner 1946 in St. Paul begonnene Werk – es ist unter dem Eindruck von Weberns Tod entstanden – wurde in strenger Zwölftontechnik konzipiert.

1. KONZERT *des Los Angeles City College mit Kompositionen von Krenek. Programmzettel vom 16. März 1948.* 218

Auf dem Programm des Konzertes, bei dem Krenek selbst und auch der Schönberg-Schüler Leonard Stein mitwirkten, standen Werke aus den Jahren 1944 bis 1947: *die Violinsonate (op. 99), 4 Gesänge nach Texten von Hopkins (op. 112)* und das *Trio für Violine, Klarinette und Klavier (op. 108).*

Die Arbeiten, die ich in den vierziger Jahren vollendete, stehen unter dem Zeichen der Auflockerung vormals strengerer Verfahrensweisen. Es wurde wiederholt gefragt, ob diese Tendenz etwa dem Einfluß der amerikanischen Umgebung zuzuschreiben sei. Zweifellos war die amerikanische Geisteshaltung während dieser Jahre den Bestrebungen der Atonalität und Zwölftontechnik alles andere als förderlich (aus „Selbstporträt“).

Der Begriff des Fortschritts kann in der Kunstgeschichte nur angewendet werden, wenn man ihm einen anderen Inhalt gibt als im Bereich materieller Errungenschaften. Während es keinem Zweifel unterliegt, daß Eisenbahnen heute besser sind als vor hundert Jahren [...] wird kein vernünftiger Mensch behaupten, daß die Symphonie von Mozart zu Mahler ähnliche Fortschritte gemacht hat. Das vollkommene Kunstwerk kann niemals durch spätere Leistungen überholt werden (aus „Selbstdarstellung“).

KRENEK, *eigenhändiger Brief an die Mutter, Los Angeles, 6. Mai 1950.* 219

„Ich habe kolossal viel zu tun, da ich mehrere Bestellungen für Kompositionen bekommen habe. Eine kleine Oper für ‚Television‘ ist fertig, auch ein kleines Klavierstück, für das ich 450 Dollar bekommen habe. Jetzt muß ich an einer 5. Klaviersonate arbeiten, für die ich 1000 Dollar bekomme.“ Die kleine Oper war *Dark waters.*

Mit der neuen Oper komme ich gut vorwärts, das Unterbringen wird schwieriger sein als das Schreiben, wie gewöhnlich (Brief vom 29. Dezember 1954 an die Mutter).

Der Titel des Werkes [‚Pallas Athene weint'] ist hergeleitet von einem kurzen Prolog, der im Elysium spielt. Die dort versammelten Schatten der Verstorbenen hören einen ‚ungeheuren Klagelaut'. Es ist Pallas Athene, die Göttin der Weisheit, die um das Ende Athens weint, um das Ende der von ihr gestifteten Burg, ‚in der die Freiheit wohnte' (aus „Pallas Athene weint").

220 PROGRAMMHEFT DER URAUFFÜHRUNG *von „Pallas Athene weint" an der Hamburger Oper am 17. Oktober 1955.*

Günther Rennert führte Regie, die musikalische Leitung hatte Leopold Ludwig. Unter den Mitwirkenden waren u. a. Margarete Ast (Pallas Athene), Hermann Prey (Meton) und Helga Pilarczyk (Althaea).

Wenn ich eine Oper schreibe, will ich gewiß kein ‚Problemstück' konstruieren, sondern packendes Musiktheater schaffen (aus dem Aufsatz „Pallas Athene weint").

Seit ‚Pallas Athene weint' habe ich politische Probleme nicht mehr angerührt. Aber ich finde, daß in den Opern, die ich seither schrieb, ein Element von unparteiisch nach allen Seiten gleichmäßig ausladender Ironie immer mehr im Spiel ist (aus „Gespräch mit meinem zweiten Ich").

Mein erster Versuch in total serieller Technik liegt vor in einem Zwischenspiel des für Singstimmen und elektronische Klänge konzipierten Oratoriums ‚Spiritus intelligentiae, sanctus', das ich 1955 und 1956 im elektronischen Studio des Westdeutschen Rundfunks Köln produzierte (aus „Selbstporträt").

221 KRENEK: „SPIRITUS INTELLIGENTIAE, SANCTUS" (Pfingstoratorium für zwei Sänger, Sprecher und elektronische Klänge). *Frequenzmessungen und Textentwürfe. Eigene Handschrift.*

222 KRENEK: ISORHYTHMISCHE STUDIEN. *Eigene Handschrift.*

Schon in den vierziger Jahren hat Krenek begonnen, sich sehr mit mittelalterlicher Musik zu befassen. (Ein Ergebnis ist das 1953 erschienene Buch über Johannes Ockeghem.) Diese Studien wurden dann Mitte der fünfziger Jahre fortgesetzt und fanden ihren Niederschlag u. a. in der Komposition der *Sestina.*

Es sind vor allem zwei Werke zu nennen, in denen ich die serielle Methode zum Extrem trieb: die ‚Sestina' für Singstimme und Kammerensemble und die ‚Quaestio temporis' für kleines Orchester. Das Gedicht, das der ‚Sestina' als Text dient, habe ich selbst geschrieben, und zwar in der gleichnamigen Form, die aus dem 12. Jahrhundert stammt. Bei dieser Form tauschen die sechs Schlüsselworte, die an den Zeilenenden der ersten Strophe stehen, im Verlauf des Gedichtes ihre Positionen nach einem vorbestimmten Prinzip [...] Das Rotationssystem des Gedichtes wurde dann natürlich auch auf die in der Tonreihe organisierten Tonfolgen und die aus ihren Intervallen gewonnenen Zeitmaße angewendet (aus „Selbstporträt").

KRENEK: „SESTINA" *für Sopran, Violine, Gitarre, Flöte, Klarinette, Trompete und Schlagwerk. Bärenreiter, Kassel, 1958 (Reproduktion nach der Handschrift des Komponisten).* 223

KRENEK: „QUAESTIO TEMPORIS" *für Orchester (Taschenpartitur). Bärenreiter, Kassel 1960.* 224

Alles, was man hört, ist bestimmt durch genaue Messungen der Eintritte und Dauern der einzelnen Klangelemente, beruhend auf den Maßeinheiten, die sich aus den Intervallschritten der zugrundeliegenden Tonreihe und ihrer durch Rotation der Töne abgeleiteten Reihenformen ergeben (aus der „Vorbemerkung" zur Ausgabe der ‚Quaestio temporis').

Es mag den Hörer überraschen, daß eine Musik, die so sorgfältig bis ins letzte Detail organisiert ist, wie ich es angedeutet habe, so klingt, als sei sie überhaupt nicht organisiert. Diese eigentümliche Verknüpfung von totaler Vorausbestimmung und scheinbar totalem Zufall ist ein für das Wesen des Serialismus charakteristisches Paradoxon (aus „Selbstporträt").

Daß ich mit meiner Position in der öffentlichen Meinung, in der mein Werk beurteilt wird, mit der stillschweigenden Übergehung, die es in den statistischen Übersichten [...] erfährt, nicht zufrieden bin, liegt auf der Hand. Selbst ein Komponist, von dessen Werken jeden Tag zehn irgendwo aufgeführt werden und dessen Name hundertmal genannt wird, bleibt unbefriedigt, weil er findet, das sollte eigentlich mindestens elf- beziehungsweise hundertundeinmal geschehen (aus „Selbstporträt").

KRENEK, *eigenhändiger Brief an Ernst Hartmann (Universal Edition), Aachen, 2. März 1961.* 225

Universal Edition, Wien

Die gekürzte Fassung der Oper *Leben des Orest* erlebte bei der Aufführung im März 1961 in Darmstadt einen Skandal, als eine Gruppe von Studenten der Darmstädter Kurse eine Störaktion durchführte. Umso eindrucksvoller war der Erfolg der Oper in Wiesbaden, was sogar Krenek zu einem begeisterten Bericht veranlaßte: „Die Aufführung in Wiesbaden war in ihrer Art großartig. Musikalisch sehr gut studiert, Orchester vorzüglich. Solisten fast durchwegs auf hohem Niveau – ein Mann (Aegisth) geradezu phänomenal! *Der* müßte den Alkibiades singen – die Rolle ist geradezu für ihn geschrieben! [...] Regie: sehr eindrucksvoll, mit großartigen Ideen. Alles in leicht stilisiertem modernen Kostüm. Manchmal etwas ins Operettenhafte abgleitend, aber großartige Kontraste etc. Erfolg wurde als außerordentlich bezeichnet (20 Vorhänge). Jedoch, etwas Wichtiges: meine ‚Neufassung' wurde heftig kritisiert, und wird genau so in Darmstadt kritisiert. Warum? Zu viel gestrichen! Der Regisseur weint, die Sänger weinen, alle wollen mehr. In Wiesbaden und in Darmstadt wurden eine Menge Striche aufgemacht. Das ist mir natürlich nur recht. Schade, daß ich damals so rigoros war."

Musik ist viel widerstandsfähiger als man glaubt. Sie übersteht alle Mißhandlungen (Brief vom 10. Mai 1958 an die Mutter).

Wir waren einen Tag in Las Vegas, wo ich mir die Spielcasinos anschauen wollte, weil das für meine Fernseh-Oper [‚Ausgerechnet und verspielt'] wichtig ist (Brief vom 30. Juni 1961 an die Mutter).

226 KRENEK: „AUSGERECHNET UND VERSPIELT". *Spieloper für das Fernsehen. Eigenhändige erste Niederschrift.*

Die Komposition wurde im Juni 1961 in Las Vegas begonnen und Mitte September in Lone Pine (Kalifornien) beendet.

Die dialektische Verknüpfung totaler Vorausberechnung mit totalem Zufall ist ins Scherzhafte gewendet in der für das Österreichische Fernsehen verfaßten Kammeroper ‚Ausgerechnet und verspielt'. Die Beziehung zur ‚Sestina' wird evident, indem die erste Zeile der Oper und die ersten zwei ihrer zweiten Szene aus jenem philosophischen Gedicht zitiert sind (aus „Prosa, Verse, Dramen").

227 KRENEK: *eigenhändige Skizzen zum „Alpbach-Quintett" (für Flöte, Klarinette, Oboe, Fagott und Horn).*

Als Auftragswerk von Alpbach (Tirol) entstand das Quintett zu Beginn des Jahres 1962. Als Ballettmusik wurde es im Sommer 1962 in Alpbach auf dem Dorfplatz getanzt.

228 KRENEK BEI DER BALLETTPROBE IN ALPBACH. *Photographie vom Sommer 1962.*

Was für Bewegungen sie sich zu meiner Musik ausgedacht haben, hat mich nicht weiter gekümmert. Da an der Musik nichts geändert war, ist es ja eigentlich ganz gleich, ob vielleicht Vögel vor dem Fenster vorbeifliegen, oder Menschen herumspringen (Brief vom 23. April 1962 an die Mutter über eine Ballettaufführung in San Francisco).

229 KRENEK, *eigenhändiger Brief an die Mutter, Tujunga, 25. September 1962.*

„In Hamburg habe ich mit Liebermann besprochen, daß ich für ihn eine neue Oper schreiben soll (Auftrag natürlich). Uraufführung Juni 1964, ich soll die ersten 4 Aufführungen dirigieren."

Nunmehr [...] reizte mich diese ‚absurde' Verquickung von Einst und Jetzt, Hier und Dort [...] und ließ sich nicht mehr abweisen. Der Gegenstand, an dem sie verwirklicht werden konnte, mußte zeitlich entlegen sein und das Motiv der großen Reise enthalten. Es bedurfte keines langen Suchens, um auf die Argonautensage zu verfallen [...] Wo über Zeit und Raum gesprungen wird, ist die Musik genauer serieller Determination unterworfen, d. h. Tonfolgen und -dauern sind vorausberechnet, damit die Musik an solchen Stellen gebührend chaotisch klingt, gelegentlich zittrig, schief, mit rhythmischen Verwerfungen (aus „Notizen zum Goldenen Bock").

KRENEK: *eigenhändige Skizzen zum „Goldenen Bock", Oper in 4 Akten.* 230

Die Komposition der Oper hat Krenek am 1. Jänner 1963 in Tujunga begonnen. Nach seiner Übersiedlung nach Palm Springs beendete er die Skizzierung dort im Juni des Jahres.

PROGRAMMZETTEL *der Uraufführung von „Der goldene Bock" an der Hamburger Staatsoper am 16. Juni 1964 und Probenbild (Krenek mit dem Bühnenbildner Alfred Siercke und dem Regisseur Egon Monk).* 231

Krenek selbst dirigierte die Uraufführung.

Die heute vielfach verwirklichte Idee, ein Musikwerk so anzulegen, daß es verschiedene Darstellungsweisen ermöglicht, [...] interessiert mich [...] Das hat etwas zu tun mit der Idee des Mobile in der bildenden Kunst, wo das Werk sich dem Beschauer gleichfalls in verschiedene Perspektiven präsentiert. Ich habe diese Darstellungsweise in einigen neueren Arbeiten versuchsweise angewendet, vor allem im ‚Fibonacci-Mobile' für Streichquartett und Klavier (aus „Selbstporträt").

CHAMBER ENSEMBLE CONCERT IN DARTMOUTH, *7. Juli 1965 (mit Krenek-Werken). (Beiliegend Faksimile einer Skizze zu „Fibonacci-Mobile".)* 232

Als Uraufführung stand auf dem Programm das *Fibonacci-Mobile* (mit Krenek als „Co-ordinator"), das von der Congregation of the Arts in Dartmouth in Auftrag gegeben worden war. Andere Programmpunkte waren das *Pentagram for Woodwind Quintet* (1957), die *Viola-Sonate* (1948), das *Trio für Violine, Klarinette und Klavier* (1946) und das *VII. Streichquartett.*

KRENEK: *eigenhändige Entwürfe zum Fernseh-Opernspiel „Der Zauberspiegel".* 233

Mit dem Problem von Zeit und Raum beschäftigte sich Krenek nach *Der goldene Bock* auch in der Fernsehoper *Der Zauberspiegel,* die er im Auftrag des Bayerischen Rundfunks komponierte. Das Werk hatte 1967 in München Premiere.

Als mich Rolf Liebermann bat, nochmals eine Oper für die Hamburgische Staatsoper zu schreiben, fragte ich ihn, ob er für das Projekt besondere Wünsche [...] hätte, da ich, wenn ich schon in solcher Weise beauftragt werde, meine geschätzten Kunden nach Möglichkeit befriedigen möchte. Herr Liebermann meinte, eine etwas ‚freche' komische Oper wäre wünschenswert [...] und erwähnte en passant ‚Così fan tutte'. Das ließ ich mir nicht zweimal sagen. Wie ich in meinen Vorbemerkungen zum ‚Goldenen Bock' verlauten ließ, war ich schon damals ‚des trockenen Tones' satt geworden [...] Etwas übermütig nahm ich Liebermann mit ‚Così' beim Wort und beschloß, eine Komödie mit möglichst denselben sechs Stimm- und Charaktertypen zu konzipieren [...] Die Schicksale meiner sechs Personen sind leichtfertig genug für eine komische Oper [...] Sie werden dadurch ausgelöst, daß zufällig ein paar Takte aus ‚Così' ertönen, als jemand ein Radio aufdreht. Die Lehre ist: ‚Das kommt davon, wenn man die falsche Oper spielt'. Die Antwort: ‚Es gibt keine richtigen Opern mehr' deutet darauf hin, daß ich als Autor von etwa zwanzig Opern zur Ansicht gekommen bin, daß Selbstironie zum Lebensnerv des Opernwesens geworden ist (aus ,,Marginalien [zu ,Sardakai'] ").

234 KRENEK AM DIRIGENTENPULT *bei einer Probe zur Uraufführung von ,,Wenn Sardakai auf Reisen geht" an der Hamburger Staatsoper.*

Die Uraufführung unter der Leitung von Krenek fand am 27. Juni 1970 statt.

Viele meiner jüngeren Kollegen haben [...] sich ganz dem Zufall verschrieben, vermutlich in der Erwägung, daß es weniger mühsam ist, Zufallsoperationen anzuwenden als serielle Vorberechnung [...] Ich habe mich dieser Bewegung nicht angeschlossen, denn ich halte die Zufallsoperationen wie Münzenwerfen und Würfelrollen für äußerst langweilig [...] Ich ziehe es vor, mein Produkt auch weiterhin zu kontrollieren, und finde es auch anregender, verwickelte Reihenmechanismen zusammenzustellen. Dabei glaube ich auch nicht, meine Verantwortung als Autor aufzugeben, denn ich behalte mir stets vor, den Mechanismus umzubauen, wenn mich der Gesamtcharakter der Ereignisse nicht befriedigt (aus ,,Selbstporträt").

Ich habe gefunden, daß das elektronische Medium sehr anziehende Möglichkeiten improvisatorischen Komponierens eröffnet hat (aus ,,Gespräch mit meinem zweiten Ich").

235 KRENEK: *eigenhändige Skizzen zu ,,Orga-Nastro" für Orgel und elektronisches Tonband.*

Das Werk, in dem Krenek Orgel und Tonband kontrastierend, aber auch miteinander verflochten einsetzte, wurde im Juni 1971 skizziert.

Als ich [...] in den letzten Jahren in meinem eigenen häuslichen Studio tätig war, faszinierte mich die Entdeckung, daß ich ohne den Umweg über das Papier direkt im klingenden Material arbeiten konnte, wie es Maler und Bildhauer mit ihren Materialien tun (aus ,,Gespräch mit meinem zweiten Ich").

Der späte Gast ist eingetreten,
geachtet wohl, doch ungebeten.
Die Jungen stieren in das Glas.
Er ist geehrt, doch unbegehrt.
Er sitzt allein beim alten Wein.
(Aus ,,Spätlese").

236 KRENEK: ,,SPÄTLESE". *Liederzyklus für Singstimme und Klavier. Eigenhändige Skizzen zum Text und zur Musik.*

Kreneks vierter großer Liederzyklus – der dritte nach dem *Reisebuch* und den *Gesängen des späten Jahres* war die 1944 entstandene *Ballade von den Eisenbahnen* – zeigt, wie die anderen, autobiographische Züge. Reflexion über die künstlerische Position und eine spürbare Neigung zur Resignation sind die inhaltlichen Charakteristika. Der Liederzyklus wurde für Dietrich Fischer-Dieskau geschrieben. Krenek arbeitete daran von Mai bis August 1973 in Caslano in der Schweiz.

KRENEK MIT DIETRICH FISCHER-DIESKAU *bei der Uraufführung von „Spätlese" in München. Photographie von 1974.* 237

KRENEK: „VON VORN HEREIN" *für Kammerorchester. Eigenhändige Skizzen.* 238

Das Werk wurde 1974 für Friedrich Cerhas Ensemble „Die Reihe" geschrieben. Es wurde nicht kontinuierlich skizziert, sondern verschiedene Elemente wurden notiert und dann zusammengefügt.

Der Titel [‚Von vorn herein'] hat mit der Musik überhaupt nichts zu tun. Ich habe von dem Vorrecht Gebrauch gemacht, das viele Maler genießen, wenn sie ihren Bildern Titel geben, die auf das in den Gemälden Sichtbare keinen erkennbaren Bezug nehmen. Einige Elemente beruhen auf einer symmetrischen Zwölftonreihe, andere sind frei artikuliert (aus „Programmnotizen zum Musikprotokoll Graz 1980").

KRENEK: „FEIERTAGS-KANTATE". *Eigenhändige Partitur auf Transparentpapier.* 239

Universal Edition, Wien

Die Komposition ist 1975 als Auftragswerk der Berliner Festwochen entstanden. Die Partitur trägt die Widmung: „Den Berliner Festspielen und mir selbst gewidmet zum Jubeljahr 1975." Zur Uraufführung kam das Werk am 12. September 1975 in Berlin.

Das Streben nach Erniedrigung des elitären Kunstbegriffs geht Hand in Hand mit der politischen Rebellion der sechziger Jahre. Aber so wie die witzige Musik der Selbstpersiflage visueller Gags bedarf, so braucht die politisch engagierte Musik Texte [...] Die Attacke gegen das Establishment verpufft ins Leere, da der Klassenfeind einen guten Magen hat und das, was ihn vergiften soll, mit Hochgenuß oder wenigstens wohlwollender Gleichgültigkeit verdaut. Wie ich in meiner ‚Feiertags-Kantate' sagte, brauchen die Unterdrückten nicht Opern und Kantaten, sondern Bomben und Granaten (aus „Wo ist die Avantgarde hingeraten?").

KRENEK AM SCHREIBTISCH *in seinem Haus in Palm Springs. Photographie von 1975.* 240

Ich habe zwei rein elektronische Stücke gemacht, bin aber später dazu übergegangen, die elektronischen Klänge mit Orchester, Klavier, Orgel und anderen Live-Klangquellen zu kombinieren. Obwohl das elektronische Klangrepertoire mit seinem Ausblick auf noch unentdeckte Horizonte praktisch unerschöpflich ist, haftet ihm selbst in den subtilsten Schattierungen ein Anflug von starrer Homogenität an. Jedoch in Verbindung mit Instrumental- oder Vokalklängen erzeugen diese Schallphänomene eine Aura von Raumtiefe und Monumentalität, die anders kaum erzielt werden kann (aus „Gespräch mit meinem zweiten Ich").

241 KRENEK: „THEY KNEW WHAT THEY WANTED“, *für Sprecherin, Oboe, Klavier, Schlagwerk und elektronisches Tonband. Eigenhändige Skizzen zum Text und zur Musik.*

Kreneks Neigung zur Ironie ist in dem von ihm selbst entworfenen Text unverkennbar. Die Komposition, die im Herbst 1977 entstand, wurde von dem National Endowment for the Arts gefördert.

Nach einem fünfschichtigen Gemisch von Sprachelementen und Oboenklängen werden drei Geschichten rezitiert – die erste nach Boccaccios ‚Decamerone‘, die zweite aus dem Buch Genesis, die dritte (wieder in Quintina-Form) aus der griechischen Sage (aus „Programmnotizen zum Musikprotokoll Graz 1980“).

Wahr zu sein: Stichwort für mich. Zu finden Wahrheit in der Täuschung. Wahr sein durch Verstellung (aus dem „Dissembler“).

Der Titel des original englischen Textes dieses Monologs heißt ‚The Dissembler‘, was der Aura des jiddischen Wortes ‚Versteller‘ (für ‚Schauspieler‘) am nächsten zu kommen scheint. Der ‚Akteur‘ sucht nach Wahrheit durch Verstellung. Er personifiziert einen Mann der exakten Wissenschaft, einen Richter, ergibt sich dem Okkultismus des Tarock, gibt vor, sich selbst zu spielen, und erklärt schließlich, daß alles nur Verstellung war (aus „Programmnotizen zum Musikprotokoll Graz 1980“).

242 KRENEK: REIHENTABELLEN UND MUSIKALISCHE SKIZZEN *zu „The Dissembler“ (für Bariton und Kammerorchester).*

Das autobiographische Stück entstand im Frühjahr 1978. Michael Ingham stellte das Werk unter Kreneks Leitung im Rahmen des Krenek-Festes in Santa Barbara am 8. April 1979 vor, die europäische Erstaufführung sang Dietrich Fischer-Dieskau im September 1980 bei den Berliner Festwochen.

243 URAUFFÜHRUNG VON KRENEKS OPUS 231 *für Violine und Orgel am 10. März 1980 im Mozartsaal des Wiener Konzerthauses. Programmzettel.*

Die Komposition war ein „Auftragswerk der Wiener Konzerthausgesellschaft anläßlich des 80. Geburtstages des Komponisten.“ Ernst Kovacic und Martin Haselböck waren die Interpreten.

Der ‚Titel‘ [von Opus 231] macht es sich bequem, nach dem Muster der Maler, die ein Bild beschriften ‚Unbetitelt No. xy‘. Ein locker gefügtes phantasieartiges Stück mit zwei oder drei unterscheidbaren thematischen Elementen. Von dem abschließenden Abschnitt wurde gesagt, daß er eine ‚wienerische‘ Note anschlägt. Was das immer sei, so habe ich gegen diese Assoziation nichts einzuwenden (aus „Programmnotizen zum Musikprotokoll Graz 1980“).

244 KRENEK: *eigenhändige Skizzen zum VIII. Streichquartett.*

Die Komposition wurde auf Anregung des Thouvenel String Quartet, das 1979 in Santa Barbara und später in New York sämtliche Streichquartette von Krenek spielte, im Sommer 1980 in Seefeld in Tirol begonnen. Das Werk besteht aus rund zehn Abteilungen, die, teils in freier Tonalität, teils mit dodekaphonischer Färbung, ohne Unterbrechung ablaufen. Das Thouvenel String Quartet brachte das Quartett am 7. Juni 1981 in der Carnegie Recital Hall in New York zur Uraufführung.

Im Augenblick – also in meinem achtzigsten Lebensjahr – verfolge ich keine besonderen Pläne. Natürlich beschäftigen mich verschiedene Ideen, die aber alle noch keine greifbaren Formen angenommen haben. Wenn die Gelegenheit kommt, werde ich wohl auch wieder eine neue Oper schreiben. Ich kann mir gut vorstellen, daß sie sich auf einer schriftstellerischen Ebene abspielt, die vielleicht sogar den Film miteinschließt (aus einem Gespräch, 1980).

KRENEK. *Photographie vom Sommer 1980.* 245
Universal Edition, Wien

Die Schriften

Das publizistische Tun ist insofern ein pädagogisches, als es praktisch zu Fragen und Erscheinungen der Zeit Stellung nimmt und methodisch das Verhalten zu ihnen zu beeinflussen sucht (aus „Soll ein Künstler publizistisch tätig sein?").

246 KRENEK: „DER SKORPION". *Humoristische Zeitschrift von 1913/14.*

Sämtliche Zeichnungen und satirischen Texte, die frei erfunden sind, aber doch Anspielungen auf Zeitereignisse enthalten, stammen von dem Gymnasiasten Krenek.

Wenn ich mich recht erinnere, schrieb ich zwischen vierzehn und siebzehn fast noch mehr Literatur als Musik, und ich entsinne mich besonders zweier Projekte, die meine Mußestunden lange Zeit ausfüllten. Ich hatte mir ein künstliches Land, irgendwo in der Mitte des modernen Europa, geschaffen [...] Ich zeichnete genaue Landkarten und Stadtpläne (aus dem Aufsatz „Pallas Athene weint").

247 LANDKARTE UND BILDER *einer erfundenen Landschaft von Krenek. Eigenhändige Zeichnungen mit Beschreibungen.*

248 KRENEK: „LEBENSBILD". *Ein Stück in zwei Teilen. Eigene Handschrift.*

Das Schauspiel wurde im Sommer 1917 in Bad Vöslau bei Wien entworfen, „als das dritte Jahr des entsetzlichen Krieges seinem Ende zuging". Es wurde dem „allmächtigen Gott geopfert".

Die allgemein produktive Stimmung, in der man sich unbewußt von diesem und jenem Text ziemlich wahllos angesprochen fühlt, scheint mir im Allgemeinen einem Stadium der Jugendlichkeit zugeordnet zu sein, in welchem man leichter und hemmungsloser produziert (K-A).

249 KRENEK: „BEOWULF". *Burleske in fünf Bildern nach dem Beowulflied. Schauspiel mit Musiknummern. Eigene Handschrift.*

Das Stück ist um 1918 entstanden.

Dem geistigen Durchschnittsmenschen von heute beginnt die Musik von Wagner an modern zu sein (aus „Vom Geiste der modernen Musik").

KRENEK: „VOM GEISTE DER MODERNEN MUSIK". *Eigene Handschrift.* 250

1919 befaßte sich Krenek essayistisch mit vielen Fragen der Musik. Beethoven, Wagner, Gustav Mahler u.a. wurden in mehreren (unveröffentlichten) Beiträgen behandelt.

KRENEK: „MUSIK IN DER GEGENWART" *(Jahrbuch 1926 der Universal-Edition).* 251

Aufsehen erregte Krenek mit diesem Vortrag über die zeitgenössische Musik im Oktober 1925 in Karlsruhe, worin er die „absolute Musik der Gegenwart" als Spiel deutete, „das für jene interessant ist, die die Spielregeln kennen. Sie hat weder Fähigkeit noch Tendenz, sich an eine unvoreingenommene Gemeinschaft zu wenden".

Ein Wort [...] über die sonderbare Psychologie von Leuten, die das, was sie nicht verstehen, für mit dem Verstand ersonnen halten, ja für die es überhaupt ein Kriterium des Unmittelbar-Empfundenseins eines Kunstwerks ist, daß man seine Struktur auf den ersten flüchtigen Blick erkennt, und sicheres Kennzeichen für seinen Ursprung aus dem gefühlsarmen Intellekt des Autors, daß man seine Formgebung nicht versteht (aus dem Vortrag über „Orpheus und Eurydike" 1926).

KRENEK: „TANZ IN DER GEGENWART". *Eigene Handschrift.* 252

Universal Edition, Wien

Der Beitrag wurde auf Aufforderung der Universal Edition für ein „Anbruch"-Heft (März 1926) geschrieben.

Der Tanz hat vielleicht die stärkste Möglichkeit, die Musik in eine unmittelbare Beziehung zum Leben zu setzen, indem er die von ihr ausgehenden vitalen Ströme in physische Reaktionen umsetzt. Deshalb ist die moderne Tanzmusik die populärste aller zeitgenössischen Musikformen.

Die erste Station auf diesem stets erneuerten Weg zu einem selbsterrichteten Canossa bildet mein Vortrag über ‚Jonny', den ich 1927 in Kassel, später in etwas veränderter Form in Wien gehalten habe. Die Heftigkeit des Ausdrucks mag die Lebhaftigkeit meines Bestrebens charakterisieren, einer Missdeutung meines künstlerischen Wollens entgegenzutreten, die trotz allem stellenweise bis heute für mich verhängnisvoll fortwirkt (aus „Die Welt der Oper").

KRENEK: *Eigenhändiger Entwurf zum „Jonny"-Vortrag im Wiener Kulturbund (1928).* 253

Auch in Wien hat es nicht an Versuchen gefehlt, meinen Jonny wohl- oder übelwollend zu interpretieren [...] Mit der Charakterisierung meines Werkes als ‚Jazzoper' hat man später auch den weltanschaulichen Kern meines Werkes zu treffen versucht. Daß man einen solchen überhaupt sucht, ist eine weitverbreitete Unart des Theaterbeurteilers. Er ist nicht zufrieden damit, im Theater das Theater zu suchen, er will Belehrung, Erbauung, Bekenntnisse, Philosophie und weiß Gott was alles, um es möglichst schwarz auf weiß nach Hause zu tragen und zum Übrigen zu legen (aus dem Wiener „Jonny"-Vortrag).

254 KRENEK: „BEETHOVEN-FEIERN" *(Programmbuch des Kasseler Staatstheaters, März 1927).*

Für die Programme der Kasseler und Wiesbadener Staatstheater schrieb Krenek 1926 und 1927 eine Reihe von Beiträgen über Opernprobleme, beschäftigte sich aber auch mit Fragen des „Zeitgeistes", des musikalischen Geschmacks u. a. m.

Ich merkte, wie ein an sich geringfügig scheinendes Medium einen ungeahnten und fast unübersehbaren Umfang anzunehmen beginnt, wenn man in es von Grund aus tätig einzudringen sucht (aus „Bericht über ein Marionettenspiel").

255 KRENEK: „BERICHT ÜBER EIN MARIONETTENSPIEL" *(„Die Scene", Blätter für die Bühnenkunst, 19. September 1929).*

Krenek hatte das Puppenspiel *Malborough zieht in den Krieg* im Dezember 1924 in Paris gesehen, es daraufhin übersetzt, vertont und in Kassel im Mai 1927 nach Überwindung vieler Schwierigkeiten zur Aufführung gebracht.

256 ANKÜNDIGUNGSZETTEL *der Gastspiel-Tournee der „Deutschen Puppenspiele" mit Kreneks „Malborough zieht in den Krieg".*

257 KRENEK, *maschinschriftlicher Brief an Hans Heinsheimer (Universal Edition), Wien, 23. März 1929.*

Universal Edition, Wien

„‚Es wird Sie gewiß interessieren', von einem der ältesten Abonnenten etwas über das März-Heft der ‚Anbruch' zu hören. Zuvor das Liebe und Gute: ausgezeichnet sind diesmal Redlich und Wiesengrund (besonders jener), von meinem Aufsatz natürlich ganz abgesehen. Die Plauderei des Herrn Bloch hat diesmal den Vorzug, ziemlich zugänglich zu sein – nur an einigen unwesentlichen Punkten bedroht das Temperament ein wenig den Satzbau [...] Bedenklicher ist schon der Artikel von P. St[efan]. Abgesehen von seiner aufreizenden inhaltlichen Belanglosigkeit, erregt der Absatz über Offenbach, S. 116, direkt Verdacht, wenn man ihn mit meinem über Kraus zusammenhält [...] Ein Schlager, der der Analyse durch Wiesengrund oder einen anderen Gelehrten dringendst bedarf, ist der Aufsatz von Ernst Schoen. Ich konstatiere, daß ich mit Ausnahme der hübschen, einfachen französischen Sätze am Schluß nicht eine Periode verstanden habe. Der Mann ist zweifellos ein Aesthet [...] A propos – werden so lange Zitate, wie dieses französische, auf das Seitenhonorar angerechnet? Da will ich aber das nächste Mal vielleicht zitieren! Das ganze Neue Testament soll, wenigstens auf diese Art, in den ‚Anbruch' kommen! – Aber Scherz beiseite: das Problem lautet: Gesinnung oder nicht? [...] Das ideale Ziel wäre natürlich, wenn die Zeitschrift aus sich heraus so interessant werden könnte, daß sie der Verlagsreklame entraten und ein selbständiges Verlagswerk bilden könnte." Krenek wurde daraufhin zur Mitarbeit an der Redaktion des „Anbruch" eingeladen. Bis dahin (und auch später) hat er die Zeitschrift als Forum für seine musikpublizistische Tätigkeit betrachtet.

KRENEK: „GEIST ALS LUXUS" *(„Anbruch" 12. Jg., November/Dezember 1930).* 258

Es muß [...] doch gelegentlich daran erinnert werden, daß die Kunst wesentlich andere Aufgaben hat als ein Wahlplakat oder ein Lesebuch. Und daß diese geistigen Werte dennoch ganz reale und für das menschliche Leben von unmittelbarer Bedeutung sind, das muß den Menschen wieder zum Bewußtsein gebracht werden (aus „Geist als Luxus").

Um 1930 hatte ich meine literarische Aktivität erheblich ausgebreitet, besonders nachdem F. T. Gubler, einer meiner besten Freunde in der Schweiz, mich aufgefordert hatte, regelmäßig für das von ihm geleitete Feuilleton der ‚Frankfurter Zeitung' zu schreiben. Ich lieferte viele Artikel und Essays über musikalische Fragen, aber auch über literarische, politische und allgemein kulturelle Gegenstände, und eine große Anzahl von Buchbesprechungen (aus „Selbstdarstellung").

KRENEK: „BUNDESWEINKOST" *(Feuilleton der „Frankfurter Zeitung" vom 24. März 1932).* 259

Dann hat man sich an die erwählten Stände heranzuarbeiten, sein Achtel zu sich zu nehmen und durch mäßige Nahrungsaufnahme den Geschmack für die nächste Probe zu neutralisieren. Trotz aller Vorsichtsmaßregeln ist bald jener Zustand still leuchtender Heiterkeit erreicht, in welchem die Menschenmenge, deren Einzelexemplare in Betracht zu ziehen wahrscheinlich bedenklich wäre, zu einem undifferenzierten Chaos von guter Laune verschmilzt.

Auf neue Erscheinungen der Kunst reagieren die Menschen meist entweder so, daß sie über die Ungewöhnlichkeit empört sind, wenn sie das neue Werk nicht in eine wohlbekannte Schublade einrangieren können, oder sie finden, es sei gar nichts Besonderes daran, alles schon dagewesen, mit einem Wort: banal (aus „Banalitäten").

KRENEK: „BANALITÄTEN" *(„Der Querschnitt", 10. Jg., April 1930).* 260

Der Artikel wurde 1935 auch in der Pariser Zeitschrift „Présence" (Revue mensuelle) in französischer Sprache abgedruckt.

KRENEK: „KARL KRAUS UND OFFENBACH" *(„Der Auftakt", 10. Jg., 1930).* 261

(Es) sei hier nur auf die Tatsache hingewiesen, daß Kraus es fertig bringt, Operetten vorzulesen, ein Vorgang, der mit der üblichen Vorstellung von diesem Genre gewiß unvereinbar scheint. Während man selbst bei Aufführungen guter alter Operetten meist die Wahl zwischen Davonlaufen oder Einschlafen hat, hört man hier geschlagene dreieinhalb Stunden voll Spannung zu und bedauert schließlich, daß es schon zu Ende sein soll.

Von ironischen Lobsprechern muß ich manchmal lesen, daß ich eine besondere Fixigkeit darin besäße, der ,Zeit' jeweils das abzulauschen, was sie eben benötige – was natürlich den Augenblickserfolg einiger meiner Werke erklären soll. Nun bin ich über solche Deutungen meiner Psyche immer äußerst erstaunt, denn gerade ich habe so wenig Zusammenhang mit dieser sogenannten Zeit, daß ich nicht einmal weiß, was das ist [...] Ich für meine Person möchte, wenn man mich fragt, erklären, daß ich alle sogenannten Forderungen der Zeit für einen ausgemachten Humbug halte, der von einigen Leuten zur Ausbeutung ihrer unwissenden und bedürfnislosen Mitmenschen ersonnen wurde (aus ,,Pro domo").

262 KRENEK: ,,PRO DOMO" *(,,Der Scheinwerfer", 3. Jg., Februar 1930).*

263 KRENEK: ,,NEUE HUMANITÄT UND ALTE SACHLICHKEIT" *(,,Neue Schweizer Rundschau" vom 4. April 1931).*

Wir haben den ,Rhythmus der Zeit', dafür wissen wir um so weniger von dem der Musik, das ,Tempo der Zeit' wächst uns zum Hals heraus, aber niemand darf zurückbleiben. Nun stelle ich mir aber unter einem Kunstwerk die geistige Gestalt eines Gemütsgrundes vor, und kann daher wenig mit einer Kunst anfangen, die sowohl das Gemüt als zu menschlich und zu wenig mechanisch, wie auch den Geist als zu anstrengend ablehnt (aus ,,Neue Humanität und alte Sachlichkeit").

264 KRENEK. KARIKATUR. *Zeichnung von Joachim Lutz, datiert: Mannheim, 18. November 1931 (Reproduktion. Abdruck im ,,Mannheimer Tageblatt" anläßlich Kreneks Vortrag über ,,Leben des Orest").*

Als Österreicher nicht bloß meiner Abstammung nach, sondern aus Überzeugung, hatte ich nicht einmal die Unterstützung einer nationalen Gruppe – in einer Periode von wildem Nationalismus ein erheblicher Nachteil (aus ,,Selbstdarstellung").

Die offiziellen Musikinstitute sind [...] in einem Zustand der Stagnation, den sie für ihre Fortexistenz für günstiger erachten als ein lebendiges Mitgehen (aus ,,Musikleben in Wien").

265 KRENEK: ,,MUSIKLEBEN IN WIEN" *(,,Schweizerische Musikzeitung", 75. Jg., 15. Jänner 1935).*

266 KRENEK: PLAN EINES AUSWAHLBANDES SEINER SCHRIFTEN. *Typoskript mit eigenhändigen Bemerkungen (Wien 1935).*

Der Schriften-Band, dessen Veröffentlichung unterblieb, sollte verstreute Aufsätze Kreneks nach den Gesichtspunkten „Die Welt der Oper“, „Soziologische Betrachtungen“, „Der Weg nach Österreich“, „Politisches“, „Landschaften“, „Film“ und „Glossen“ zusammenfassen.

Wenn ich in diesem Band eine Auswahl aus meinen in den zehn Jahren zwischen 1925 und 1935 erschienenen Aufsätze vorlege, so hat das in erster Linie nicht sowohl den Zweck, das in diesen Arbeiten niedergelegte Gedankengut vor völliger Zerstreuung und Vergessenheit zu bewahren, als vielmehr ein infolge der begrifflichen Fassbarkeit des geschriebenen Wortes unmittelbar verständliches Bild meiner Entwicklung zu geben, die aus meinen musikalischen Werken allein [...] vielen Freunden und besonders Feinden keineswegs klar geworden zu sein scheint (aus dem Vorwort zu dem geplanten Schriftenband).

KRENEK: „ZU EINIGEN THESEN DES HERRN DR. GOEBBELS“ *(„23“ Nr. 11/12 vom 30. Juni 1933).* 267

Im Jänner 1932 erschien das erste Heft der Zeitschrift „23“, in der die Herausgeber „gegen die im Wiener Musikleben immer mehr überhand nehmende Korruption scharf auftreten“ wollten (W. Reich in der „Dokumentarischen Einleitung“ der Neuausgabe von 1971). Der Redaktion gehörten Willi Reich, Rudolf Ploderer und Krenek an, der in fast jedem Heft mit einem Beitrag vertreten war. Kreneks Stellungnahme zu den „Thesen“ Goebbels war ein direkter Angriff gegen die Haltung, die der Nationalsozialismus der Kunst gegenüber einnahm.

Kein Mensch und keine Partei kann a priori festsetzen, welche materiellen Merkmale eine deutsche Kunst [...] aufzuweisen habe. Die Deutschheit eines Kunstwerks hängt von seiner Provenienz ab und ist eine rein statistische Feststellung. Über den Inhalt und Charakter ist damit nichts gesagt. In dem Augenblick, wo z. B. deutsche Komponisten eine nichttonale Musik schreiben, gibt es eine deutsche atonale Musik, und niemand hat das Recht, sie für undeutsch zu erklären, weil nirgends bewiesen werden kann, daß die deutsche Musik tonal zu sein hat (aus „Zu einigen Thesen des Herrn Dr. Goebbels“).

Es ist durchaus begreiflich, daß eine Zeit, die so wenig geistige Gehalte zu produzieren vermag und so entschlossen ist, die wenigen, die sie besitzt, durch Mißhandlung zu beschädigen oder durch Verachtung zu unterdrücken, wie die gegenwärtige, sich aus einem unzerstörbaren Drang nach solchen Gehalten in umso stärkerem Maß den Geisteswerten der Vergangenheit zuwendet (K-A).

KRENEK: „SOLL DIE JUGEND MIT DER NEUEN MUSIK BEKANNT GEMACHT WERDEN?“ *(„Wiener Zeitung“ vom 8. August 1937).* 268

Seit Hitlers Machtübernahme war Krenek die Mitarbeit an der „Frankfurter Zeitung“ versagt, und so fand er von 1934 an in den Sonntagsbeilagen der amtlichen „Wiener Zeitung“ ein neues Forum für Artikel, Kritiken u. dgl.

KRENEK: „ALBAN BERGS ‚LULU‘“. *(„Wiener Zeitung“ vom 6. Juni 1937).* 269

Krenek hatte am 31. Mai 1937 in der Tonhalle in Zürich anläßlich der Uraufführung von Bergs ,,Lulu" einen Einführungsvortrag gehalten, den er in der Sonntagsbeilage der ,,Wiener Zeitung" abdruckte.

Berg hat die neue musikalische Konstruktion, welche die alte zerstört und abgelöst hat, benützt, um die Schönheit der zerfallenen zu besingen. Die neue diente ihm als Ausdruck der unnennbaren Trauer eben darüber, daß eine neue notwendig geworden war. Ganz sicher ist das der Grund, weshalb Alban Berg der einzige aus dem engeren Kreis von Schönberg ist, der schon zu seinen Lebzeiten einen wirklichen Erfolg aufzuweisen hatte. ,Lulu' ist die Tragödie des Schönen, das ist gewiß die reinste und einfachste Deutung, [...] aber eine Tragödie erleidet das Schöne darum, weil Schönheit sich als ein unabtrennbares Attribut des Verfalls manifestiert.

270 KRENEK: ,,ÜBER NEUE MUSIK", *Wien 1937.*

Das im Verlag der Ringbuchhandlung erschienene Buch enthält ,,Sechs Vorlesungen zur Einführung in die theoretischen Grundlagen", die Krenek von Oktober bis Dezember 1936 in Wien und dann auch in der Schweiz gehalten hat. Die einzelnen Abschnitte behandeln den Begriff ,,Neue Musik", die ,,Grundideen einer neuen Musikästhetik", die ,,Atonalität", die ,,Zwölftontechnik" sowie die Themenkreise ,,Musik und Mathematik" und ,,Musik und Humanität".

In Amerika widmete ich einen erheblichen Teil meiner Zeit der literarischen Formulierung meiner Gedanken. Eine umfangreiche Zusammenfassung meiner Ideen ist enthalten in ,Music Here and Now' (,Musik hier und heute'), ein Buch, das sich aus meinen Wiener Vorlesungen über neue Musik entwickelt hat. Meine Arbeit in der Zwölftontechnik war von einer Reihe spezieller Abhandlungen begleitet, von welchem die drei wichtigsten jene sind, die die Entwicklung meines theoretischen Standpunktes zeigen: ein kleines Lehrbuch unter dem Titel ,Kontrapunktische Studien', eine Abhandlung über Kadenzbildungen in atonaler Musik, geschrieben für die Amerikanische Musikologische Gesellschaft, und ein Aufsatz über neue Entwicklungen in der Zwölftontechnik (aus ,,Selbstdarstellung").

271 KRENEK: ,,STUDIES IN COUNTERPOINT, *based on the Twelve-Tone Technique", New York 1940.*

In letzter Zeit habe ich allerlei über Physik gelesen, was mich sehr interessiert. Das ist so eine schöne, reinliche Sache, bei der man sich nicht ärgert. Ich habe beinahe Lust, nächstes Jahr hier irgendeinen Kurs in Mathematik zu nehmen, wenn ich Zeit habe (Brief vom 20. März 1940 an die Eltern).

Vor ein paar Jahren [1937], hat Bruno Walter ein Buch über Mahler geschrieben, das jetzt in New York herauskommen soll. Der Verlag hat mich aufgefordert, dazu als eine Art Einleitung eine kurze Mahler-Biographie zu schreiben, weil W[alter] darüber nicht viel sagt. Ich habe das in den letzten Wochen gemacht, war eine ganz interessante Arbeit. Allzuviel Material ist nicht vorhanden, d.h. nicht publiziert, und an Originalquellen kann man jetzt nicht heran. Für circa 30 Seiten hat es gereicht (Brief vom 27. Juli 1941 an die Eltern).

KRENEK: „ARNOLD SCHOENBERG AT SEVENTY" (*„Black Mountain College Bulletin", November 1944).* 272

Krenek befaßt sich mit der musikgeschichtlichen Position Schönbergs und kommt auf die Tatsache zu sprechen, daß dessen Musik bei aller Bedeutung nicht „populär" geworden ist. Abschließend meint er: Schönberg könne ruhig noch zuwarten, er wäre erst 70 Jahre alt geworden.

Schönberg's Tod kam nicht unerwartet. Er war seit Jahren leidend [...] Er hatte sich dann immer wieder erholt, so daß man nicht immer recht an das fortwährende Klagen glauben wollte [...] Das ist jetzt vorbei, Gott hab' ihn selig. Er war ein großer Mann, auf seine Art (Brief vom 29. Juli 1951 an die Mutter).

Wenn sich [...] die Musik im großen und ganzen unabhängig von den Wechselfällen des Krieges entwickelt, so soll damit nicht gesagt sein, daß der Musiker von den tragischen Ereignissen [...] nicht berührt wird. Blickt er zurück auf die gewaltige Geschichte seiner Kunst, so sieht er sich selbst als Glied einer Kette, die von keiner der zahllosen Krisen, durch die die Menschheit schritt, unterbrochen wurde (aus „Soziale Krise und Musik").

KRENEK: „SOZIALE KRISE UND MUSIK" (*„Die Furche", Wien, 12. April 1947).* 273

Nachdem ich seit neun Jahren fast ausschließlich englisch denke, spreche, schreibe und lese, ist von meinen bescheidenen Fähigkeiten, mich deutsch auszudrücken, nicht mehr sehr viel übrig (Brief vom 25. Februar 1947 an Helene Kann).

Über berühmte Leute werden eben Biographien geschrieben, und das ist doch sehr gut. Wie die Schreiber zu ihrem Material kommen, ist ihre Sache. Der Mensch, über den geschrieben wird, kann ihnen behilflich sein, wenn er will, oder auch nicht. Verpflichtet ist er zu gar nichts (Brief vom 24. Dezember 1965 an die Mutter).

KRENEK: „SELBSTDARSTELLUNG", *Zürich 1948.* 274

Das Buch, das auf Anregung des Schweizer Atlantis-Verlages entstand, wollte Krenek nicht als Selbstbiographie, sondern als „Selbst-Analyse" verstanden wissen.

Wenn ich mich der Arbeit unterziehe, einen so umfangreichen Bericht meines Lebens zusammenzustellen, so erwarte ich natürlich, daß sein Inhalt für künftige Musikhistoriker von Interesse sein wird. Wenn mein Name gegenwärtig so ‚berühmt' wäre wie der einiger anderer lebender Komponisten [...], würde mein Werk, und also auch meine Person, vermutlich von selbst die Nachwelt interessieren [...] Meine Absicht ist darzutun, warum ich glaube, daß mein Werk kommenden Generationen wichtiger sein mag als es meinen Zeitgenossen im allgemeinen vorzukommen scheint (aus der Einleitung zur „Selbstdarstellung").

KRENEK: „MUSIK IM GOLDENEN WESTEN. *Das Tonschaffen der U.S.A.", Wien 1949.* 275

Das Buch wurde auf Empfehlung von Alfred Orel für den Verlag der Brüder Hollinek in der Reihe der „Orpheus-Bücher" geschrieben.

Das Hauptthema der hier vorgelegten Betrachtungen ist die neue Musik Nordamerikas, wie sie mir heute, nach mehr als zehnjähriger Beobachtung aus nächster Nähe erscheint. Da diese Schrift sich in erster Linie an europäische Leser wendet [...], habe ich von ausführlichen Analysen einzelner Kompositionen abgesehen [...] Es erschien mir anschaulicher, die wichtigsten amerikanischen Komponisten in ihren wesentlichen Zügen zu charakterisieren und in ihren Beziehungen zueinander und zu ihren außeramerikanischen Zeitgenossen darzustellen [...] Die vorliegende Schrift ist nicht das Resultat systematischer Forschungsarbeit, sondern ein Bericht über die Eindrücke, die ich während meiner zehnjährigen Wirksamkeit in fast allen Teilen des Landes empfangen habe (aus dem Vorwort zu „Musik im goldenen Westen").

276 KRENEK, *eigenhändiger Brief an seine Mutter, Hollywood, 1. Juli 1952.*

„Ich habe vielerlei Sachen zu tun, habe ein kleines Buch fertiggestellt (über diesen flämischen Komponisten Ockeghem, 15. Jahrhundert), bereite jetzt ein anderes vor für einen hiesigen Verleger (es soll meine Selbstdarstellung in Englisch enthalten), habe einiges zu tun für einen neuen Musikverlag, beschäftige mich mit meiner neuen Oper usw." Das Buch über Johannes Ockeghem erschien 1953 in New York bei Sheed & Ward, die englische Fassung der „Selbstdarstellung" („Self-Analysis") gleichfalls 1953 im New Mexico Quarterly.

Es tut mir leid, daß ich keine so guten Romane geschrieben habe wie der selige Werfel, und daher kann ich halt nicht soviel hin- und herfliegen wie diese Leute [wohl Alma Mahler], und keine Hühnersuppen kaufen. Das ist sehr traurig und bekümmert mich sehr viel (Brief vom 10. April 1948 an die Mutter).

277 KRENEK: „IS THE TWELVE-TONE TECHNIQUE ON THE DECLINE?" *(„The Musical Quarterly", 39. Jg., Oktober 1953).*

Universal Edition, Wien

Der Aufsatz fällt in die Zeit, als Krenek sich von der „vereinfachten Zwölftontechnik" abwandte und unter dem Einfluß von Weberns Schaffen die strenge serielle Methode seinem Werk zugrunde legte.

278 KRENEK: „ZUR SPRACHE GEBRACHT". *Essays über Musik. Herausgegeben und mit einer Einleitung versehen von Friedrich Saathen, München 1958.*

Der Band enthält eine Auswahl von Kreneks Schriften von 1925 bis 1956.

[Saathen] hat wirklich eine sehr schöne Auswahl und Zusammenstellung gemacht. Von vielen Sachen war ich selbst überrascht, konnte ich mich gar nicht erinnern, was ich alles geschrieben habe [...] Jedenfalls bin ich sehr zufrieden damit (Brief vom 6. Oktober 1957 an die Mutter).

Seit die neueren Komponisten begonnen haben, sich in die Denksysteme von Kommunikationslehre und Informationstheorie zu vertiefen, hat ihre Fähigkeit, sich sprachlich mitzuteilen, zusehends abgenommen [...] Die Ursache ist der wissenschaftliche Sprachstil, den sie sich zurechtgemacht haben (aus „Zur Geheimsprache der modernen Musikliteratur").

KRENEK: „ZUR GEHEIMSPRACHE DER MODERNEN MUSIKLITERATUR" *(„Musica", Dezember 1964).* 279

Universal Edition, Wien

Ich halte es für wesentlich zu betonen, daß ich meine Texte selber schreibe. Ich fühle mich nicht nur als Musiker (K-A).

KRENEK: PROSA, DRAMEN, VERSE. *München-Wien 1965.* 280

Ernst Hilmar, Wien

Krenek hat in diesem Auswahlband die Texte seiner Bühnenwerke *Jonny spielt auf, Leben des Orest, Kehraus um St. Stephan, Karl V., Vertrauenssache, Pallas Athene weint, Ausgerechnet und verspielt* und *Der goldene Bock* abgedruckt. Von den „Versen" wurden das *Reisebuch aus den österreichischen Alpen, Gesänge des späten Jahres, Die Ballade von den Eisenbahnen,* die *Sestina* und der Text zum Strawinsky-Kanon aufgenommen.

KRENEK: „‚ZEITGEMÄSSE' BETRACHTUNGEN" *(„Österreichische Musikzeitschrift", 20. Jg., Jänner 1965).* 281

Die Probleme Zeitbegriff und Verantwortung des Komponisten, die Krenek immer wieder beschäftigten, sind auch Thema dieses Beitrages.

KRENEK: „GESPRÄCH MIT MEINEM ZWEITEN ICH" *(„Melos", 40. Jg., Juli/August 1973).* 282

Universal Edition, Wien

„Meine Schriften sind kaum mehr gefragt als meine Musik" (K-A).

Literaturverzeichnis

(Verzeichnis von Kreneks Schriften, aus denen im Katalogtext – kursive – zitiert wurde.)

K-A bedeutet: Aufzeichnungen im „Krenek-Archiv" (Wiener Stadt- und Landesbibliothek), wo sich auch die Briefe an die Eltern und Frau H. M. Kann befinden. (Die zitierten Briefe an Ernst Hartmann, Friedrich Sartor und Friedrich Saathen sind hingegen Besitz der Universal Edition.)

Vom Geiste der modernen Musik (1919). Manuskript in K-A.

Orpheus und Eurydike. Vortrag Kassel 1926. Manuskript in K-A.

Selbstbiographie = Brief des Dichterkomponisten an den Herausgeber, in: Blätter des Hamburger Stadttheaters 1926/27, Heft 15, Mai 1927.

„Jonny"-Vortrag im Kulturbund Wien, Jänner 1928. Manuskript in K-A.

Die Möglichkeiten der Oper, in: Operntheater (Programm der Wiener Staatsoper vom 4. Februar 1928).

Bericht über ein Marionettenspiel, in: Die Scene 19. Jg., Heft 9, September 1929.

Pro domo, in: Der Scheinwerfer 3. Jg., Heft 11, Februar 1930.

Der „entlarvte" Orest, in: Frankfurter Zeitung vom 22. März 1930.

Banalitäten, in: Der Querschnitt 10. Jg., Heft 4, April 1930.

Geist als Luxus, in: Anbruch 12. Jg., Heft 9/10, November/Dezember 1930.

Soll ein Künstler publizistisch tätig sein?, in: Frankfurter Zeitung vom 13. Dezember 1930.

Neue Humanität und alte Sachlichkeit, in: Neue Schweizer Rundschau 24. Jg., Heft 4, April 1931.

Zur heutigen Situation der Neuen Musik. Vortrag Radio Leipzig, 17. April 1931. Manuskript in K-A.

[„Leben des Orest"]. Vortrag Mannheim, 18. November 1931. Manuskript in K-A.

Musikalische Mobilmachung?, in: Frankfurter Zeitung vom 5. Jänner 1932.

Das Weltbild der Musik. Vortrag in der Sozialdemokratischen Kunststelle Wien, 3. November 1932. Manuskript in K-A.

Zu meinem Liederzyklus „Gesänge des späten Jahres" (Sendung in Berliner Rundfunk vom 2. Dezember 1932). Manuskript im K-A.

Zu einigen Thesen des Herrn Dr. Goebbels, in: „23" Heft 11/12 vom 30. Juni 1933.

Kunstpolitik im neuen Österreich. Vortrag in der Bezirksstelle Wieden (Wien) der Volksfront, 14. Mai 1935. Manuskript in K-A.

Musikleben in Wien, in: Schweizer. Musikzeitung 75. Jg., Heft 2 vom 15. Jänner 1935.

Die Welt der Oper (1935). Typoskript in K-A.

Vorbemerkung zur Vorlesung über Karl V. in Graz, 3. Februar 1936. Manuskript in K-A.

Alban Bergs „Lulu", in: Wiener Zeitung vom 6. Juni 1937.

Soziale Krise und Musik, in: Die Furche vom 12. April 1947.

Selbstdarstellung, Zürich 1948.

Musik im goldenen Westen. Das Tonschaffen der U.S.A., Wien 1949.

Zur Sprache gebracht. Essays über Musik. Hrsg. und mit einer Einleitung versehen von Friedrich Saathen, München 1958.

Notizen zum goldenen Bock, in: Programm der Hamburger Staatsoper, Heft 16, 1963/64.

Zur Geheimsprache der modernen Musikliteratur, in: Musica 18. Jg., Heft 6, November/Dezember 1964.

Prosa, Verse, Dramen, München-Wien 1965.

Marginalien [zu „Sardakai"], in: Programm der Hamburger Staatsoper, Heft 14, 1969/70.

Selbstporträt, in: Melos 37. Jg., Heft 2, September 1970.

Gespräch mit meinem zweiten Ich, in: Melos 40. Jg., Heft 4, Juli/August 1973.

Gespräch mit Dietwolf Grewe, in: Kölner Stadtanzeiger vom 7. November 1973.

Vorwort zu: Theodor W. Adorno und Ernst Krenek, Briefwechsel. Hrsg. von Wolfgang Rogge, Frankfurt 1974.

Wo ist die Avantgarde hingeraten?, in: Die Welt vom 22. Dezember 1976.

Gespräch mit Adelbert Reif, in: Musik + Medizin vom 8. August 1980.

Gespräch, in: Salzburger Nachrichten vom 23. August 1980.

Der verletzliche Komponist. Gespräch mit Claudia Maurer Zenck, in: Süddeutsche Zeitung vom 23./24. August 1980.

Programmnotizen zum Musikprotokoll Graz 1980, in: Österreichische Musikzeitschrift 35. Jg., Heft 9, September 1980.

NAMENREGISTER

(Die Zahlen betreffen die Katalognummern bzw. den jeweils nach der Katalognummer stehenden Text.)

Werkregister